译者致谢

感谢中国残疾人联合会、中国残疾人事业发展研究会为本书出版提供的慷慨资助。

感谢中国社会工作协会全国医疗救助与社会工作联盟办公室为本书海外版权转让事宜提供的版权引进费善款。

感谢法国驻华大使馆为本书翻译提供了部分翻译费善款。

致谢

感谢索比顿男爵夫人简·坎贝尔（Baroness Surbiton，Jane Campbell）允许我们使用"英国生活还在继续"（Not Dead Yet UK）网站上的信息，并在与协助自杀有关的内容方面提供了十分有益的意见。

残障与发展系列译丛

残障人士社会工作（第四版）

Social Work with Disabled People, 4th edition

【英】迈克尔·奥利弗
【英】鲍勃·萨佩　　著
【英】帕姆·托马斯
李　敬　陶书毅　马志莹　译
马志莹　李　敬　校

人 民 出 版 社

"残障与发展系列译丛"编委会

总　序

中国残疾人联合会理事长　鲁　勇

自有人类,就有残疾人。残疾是人类状况的一部分,几乎每个人在生命的某一阶段都会有暂时或永久性的损伤。世界卫生组织 2002 年至 2004 年在 59 个国家和地区开展的《世界健康调查》数据显示,全球 1.1 亿人有很严重的功能障碍,约占全球人口的 2.2%。2004 年,世界卫生组织更新的《全球疾病负担》统计数据显示,全球 1.9 亿人有"严重的残疾",如四肢瘫痪、严重的抑郁或者失明,约占全球人口的 3.8%。2011 年,世界卫生组织发布的《世界残疾报告》指出,根据 2010 年人口估计,全世界超过 10 亿人生活在残疾状态下,约占全球人口的 15%。2006 年,联合国通过了《残疾人权利公约》,这是国际社会在 21 世纪通过的第一个综合性人权公约,它标志着人们对待残疾人的态度和方法发生了重大转变。关心残疾人,做好残疾人服务工作,正在成为各界广泛的共识。

我国历来关心残疾人,高度重视残疾人工作。党和国家始终把残疾人事业纳入国家发展的大局,建立健全保障残疾人权益的法律体系,设立政府残疾人工作机构,建立残疾人事业保障体系和服务体系,广泛开展残疾人事业的国际交流与合作,促进残疾人事业发展取得了辉煌成就,全社会逐步形成了扶残助残的良好社会风尚,残疾人生存状况、生活状况显著改善,生活水平不断提高。特别是改革开放三十多年来,中国残疾人事业实现了历史性的开拓,探索出了一条具有中国特色的残疾人事业发展道路。1987年,我国开展了新中国成立后的第一次全国残疾人状况抽样调查;2006年,我国又实施了第二次全国残疾人状况抽样调查;2014年,我国首次启动了全国残疾人基本服务状况和需求的专项调查。抽样调查和专项调查结果,对促进残疾人事业加快发展提供了重要支撑。与此同时,我国加快健全保障残疾人权益的法律法规和政策措施。我国《宪法》对保障残疾人合法权益作出了明确规定。1990年,颁布实施了《中华人民共和国残疾人保障法》并于2008年进行了修订。2008年,中共中央、国务院出台了《关于促进残疾人事业发展的意见》。随着《残疾人教育条例》、《残疾人就业条例》、《无障碍环境建设条例》等法规的实施,进一步推动了残疾人权益保障和基本公共服务的落实。

党的十八大以来,以习近平同志为总书记的党中央十分关心残疾人、高度重视残疾人事业。党的十八大和十八届三中全会、四中全会都对关爱残疾人、发展残疾人事业提出了明确的要求。2013年9月,党中央国务院在中国残疾人联合会第六次全国代表大会开幕式祝词中指出,我们要充分认识做好残疾人工作的长期性和艰巨性,按照平等、参与、共享的目标要求,突出保障和改善残疾人民生,增强残疾人基本公共服务供给能力,促进残疾人全面发展,在实现中国梦的伟大实践中,团结带领、支持帮助广大残疾人创造更加幸福美好的新生活。2014年3月,习近平总书记在致中国残疾人福利基金会成立30周年贺信中特别强调,残疾人是一个特殊困难的群体,需要格外关心、格外关注。让广大残疾人安居乐业、衣食无忧,过上幸福美好的生活,是我们党全心全意为人民服务宗旨的重要体现,是我国社会主义制度的必然要求。2014年5月,习近平总书记在会见全国第五次自强模范暨助残先进表彰大会代表时更明确指出,残疾人是社会大家庭的平等成员,是人类文明发展的一支重要力量,是坚持和发展中国特色社会主义的一支重要力量。中国梦,是民族梦、国家梦,是每一个中国人的梦,也是每一个残疾人朋友的梦。我们都要凝心聚力,在实现人生梦想的同时,共同推动中华民族的美好梦想早日实现。各级党委和政府要高度重视残疾人事业,把推进残疾人事业当作分内的责任,各项建设事业都要把残疾人事业纳入其中,不断健全残疾人权益保障制度。各级残联要发扬优良传统,切实履行职责,为残疾人解难、为党和政府分忧,团结带领残疾人继续开创工作新局面。2015 年 2 月,国务院印发了《关于加快推进残疾人小康进程的意见》,对保障和改善残疾人民生,帮助残疾人共享发展成果、同奔小康生活作出了具体部署。

当前,我们正行进在全面建成小康社会、全面深化改革、全面推进依法治国的新征程中。以习近平同志为总书记的党中央对残疾人事业作出的新部署新要求,为残疾人事业在新的起点上实现创新发展指明了方向。国务院出台《关于加快推进残疾人小康进程的意见》,为做好全面小康进程中的残疾人工作明确了任务。启动我国残疾人事业"十三五"发展纲要的规划编制工作,更为落实好各项举措提供了契机。

在实践中推动残疾人事业创新发展,既需要实际工作者的大胆实践,更需要理论工作者的有力指导。以治学的严谨审视鲜活的实践,以生动的实践检验理论的成果,才能学用相长,推动事业沿着正确的方向健康发展。正是在这种背景下,中国残疾人事业发展研究会联合中国社会科学院社会学所共同组织实施"残障与发展系列译丛"编译项目。

"残障与发展系列译丛"第一批项目由《〈残疾人权利公约〉研究:海外视角(2014)》《残障:一个生命历程的进路》《残障人士社会工作》《探索残障:一个社会学引论》和《残障与损伤:同儿童和家庭一起工作》五本译著组成,是近年来国际社会知名学者关注残疾人群体、进行理论研究和实践探索的成果结晶。这套丛书以研究联合国《残疾人权利公约》为切入点,从社会科学和法学专业视角探讨了残疾人事务,包括社会工作、社会政策、特殊教育、医疗康复等领域。丛书中一些提法包括一些翻译用法,如用"残障人士"或"残障者"取代了"残疾人",丛书取名"残障与发展系列译丛"等等,体现出联合国《残疾人权利公约》中倡导的残障社会模式理念,即残障问题不仅是一个人的问题,还是一个需要从社会环境因素分析和解决的社会问题。

他山之石,可以攻玉。作为一种学术思考,丛书中的一些理念、翻译方法或许会引发争鸣与讨论,各界的认识并不完全一致。但我想,这种探索精神是值得肯定的。希望丛书的出版,有助于全社会更加重视对残疾人、残疾人事业的研究与关心,有关成果能为编制我国残疾人事业"十三五"发展纲要、加快残疾人小康进程、促进残疾人事业发展提供有益的借鉴。

衷心感谢本译丛的作者、译者,感谢为编辑出版这套译丛作出贡献的编委会成员。祝愿在未来的发展中,残疾人事业的理论与实践研究成果更加丰硕!

2015 年 2 月 15 日

译者前言

当今世界约有6亿5千万残障者,①其中13%左右的残障人士生活在中国。② 为保障8500多万残障者的生存和发展权利,促进他们共享社会进步成果,中国政府与社会各界力量作出了各种积极努力。

1990年通过的《中华人民共和国残疾人保障法》(2008年修订)是改革开放后,中国第一部针对残障人士的专项立法。1988年开始,中央政府已连续出台了6个残疾人事业发展规划,③从生活保障、医疗、康复、教育、就业、托养、无障碍、文化体育等基本方面,为残障社群进行了全面系统的制度设计和服务保障。

《2013年度残疾人状况及小康进程监测报告》显示,2013年度"残疾人生活状况得到较大改善,特别是收入水平和康复服务覆盖率明显提高,残疾人小康指数已达71.1%。"④然而,中国残障人士总体生活水

---

① 数据引自:联合国网站,网址:http://www.un.org/chinese/disabilities/convention/facts.htm。

② 据中国残疾人联合会推算,2010年末我国残障者总人数8502万人,引自http://www.cdpf.org.cn/sytj/content/2012-06/26/content_30399867.htm。

③ 依次是:《中国残疾人事业五年工作纲要(1988年—1992年)》《中国残疾人事业"八五"计划纲要(1991年—1995年)》《中国残疾人事业"九五"计划纲要(1996年—2000年)》《中国残疾人事业"十五"计划纲要(2001年—2005年)》《中国残疾人事业"十一五"发展纲要(2006年—2010年)》《中国残疾人事业"十二五"发展纲要(2011年—2015年)》。

④ 《关于印发〈2013年度残疾人状况及小康进程监测报告〉的通知》[残联发〔2014〕47号]。

平与全社会的平均水平间仍然存在较大差距,"残疾人家庭消费支出特别是家庭医疗保健支出远高于全国平均水平;残疾人发展状况水平较低,残疾人享有的基本公共服务特别是教育、就业等公共服务亟待加强,残疾人和全国人民实现同步小康的任务仍十分艰巨。"①这就为残障社群和社会工作之间的某种必然性奠定了现实基础。

在中国,社会工作是一个"新兴"的专业和职业。② 近年来,在党中央正确领导下,社会工作管理体系、服务体系,社会工作者人才队伍建设等事业的步伐日新月异。2006 年,党的十六届六中全会作出"建设宏大的社会工作人才队伍"的战略部署,2011 年,中央组织部等 18 部委联合发布了《关于加强社会工作专业人才队伍建设的意见》,指出社会工作"对解决社会问题、应对社会风险、促进社会和谐、推动社会发展具有重要基础性作用"。在一系列顶层设计的推动下,中国社会工作,无论是在社会工作人才队伍的建设发展方面,还是在分领域、分人群的社会工作职业活动中都取得了快速发展。

残障人士一直是社会工作的主要服务对象之一,《残疾人事业"十二五"发展纲要》中就特别提出将"加快社会工作专门人才培养"作为一项重要的支撑条件。截至目前,残障人士社会工作在我国已经取得了一些学术和实务上的进展,而且发展前景良好。那么在社会工作本土化呼声渐长的今天,我们为何还要翻译这样一本基于英国实践的社会工作教科书呢?

首先,本书通篇讨论了一种观念上的转变,即,从残障的个体模式到残障社会模式的转变。本书提及的种种问题在当下中国同样适用:

---

① 《关于印发〈2013 年度残疾人状况及小康进程监测报告〉的通知》[残联发〔2014〕47 号]。

② 中国内地的社会工作专业化教育最早可追溯至 20 世纪 20 年代,但从新中国成立初至 20 世纪 80 年代中期经历了一个长达 30 余年的中断期,直到 1987 年"马甸会议"召开,方开始恢复重建。资料引自李迎生、韩文瑞、黄建忠:《中国社会工作教育的发展》,载于《社会科学》,2011 年第 5 期。

当我们审视残障服务对象的损伤时,是把它看作一出个人悲剧还是一种人类多样性的表现?当我们评估残障服务对象的问题时,看到的是个人生理的不利条件还是社会的种种障碍?当我们在提供诸如康复、医疗、教育、就业、社会保障、社区照顾等服务时,能在多大程度上听取残障服务对象的意愿并通过服务支持他们获得更大的独立自主权?当残障者成为我们所在机构的员工时,你会把他当成同事还是服务对象?本书向我们展示出,残障个体模式是如何渗透于社会结构与文化的方方面面,即使是社会工作研究、教育和实务领域也未能幸免,若想残障人士社会工作得以行之有效且意义深远地施行,就必须是从理念到实践上通通转向社会模式。

正是基于这一社会模式的观念,译者们在翻译本书时采用了"残障"这一术语对应翻译"disability",重在表现由社会施加在损伤之上的种种"障"碍。然而,若想真正做到这一范式转换,绝非易事。自从1983年这本书的第一版问世并首次提出残障社会模式起,到今天第四版面世,已经过去了三十多年,但正如本书作者们所讲,社会工作"普遍地没能承担起这项挑战"。这种不断朝向社会模式,但却不断受挫的社会工作发展经历,对于我们这样的发展中国家实在深有启发。

其次,本书的另一特色是紧紧围绕联合国《残疾人权利公约》(简称《公约》)的精神思想及核心关注内容。这也是本书第四版与此前三版①的最大区别。2006年12月13日,联合国大会通过《公约》,2007年3月30日中国成为了第一批签署国之一,2008年6月全国人大常委会批准了《公约》,《公约》自2008年8月31日起在中国生效。

《公约》要求缔约国采取一切适当的立法、行政和其他措施保障残

---

① 其中,第一版英文原版于1983年出版,简体中文版为:[英]迈克尔·奥利弗著:《残疾人社会工作》,谢子朴、谢宪译,华夏出版社1990年版。第二版英文原版于1998年出版,简体中文版为:[英]迈克尔·奥利弗、鲍勃·萨佩著:《残疾人社会工作(第2版)》,高巍、尹明译,中国人民大学出版社2009年版。第三版英文版于2006年出版,暂无简体中文版。

障者的各项权利,这就意味着《公约》提出的独立生活①等看似陌生的内容,实际上与我们并不遥远。而本书恰恰是着重围绕"独立生活"这个《公约》核心权利,阐述了与其相关的个人助理、社会政策、法律情境、脆弱性及保护等方面的最新发展,这些都可以为我们未来的残障人士社会工作乃至残障事业发展提供借鉴。

鉴于上述原因,我们殷切期望通过本书,使读者朋友们可以概览一幅残障人士权利及其福祉在英国(及世界范围)发展的历史图景,得到一种理解残障及其相关主题的崭新的思考方式,进而为中国残障人士社会工作带来一个全新的工作取向与方式。

译 者

2014 年 12 月

---

① 《残疾人权利公约》第十九条全称为"独立生活和社区融入"。参见联合国《残疾人权利公约》及《任择议定书》(A/RES/61/106),网络链接见:http://documents.un.org/simple.asp,最后访问于 2014 年 8 月 23 日。

目　　录

第四版序

1983 年,当本书第一版面世时,社会工作似乎在残障行业(disability industry)中是处在一个最为有利位置的职业团体,也就是说,社会工作可以根据残障社会模式(social model of disability)原则,改变它自身的实践。本书第一版鼓励社会工作者反思那些支配他们实践的个体化(individualising)和病理化(pathologising)的知识及方法,并加入到残障者阵营中,和残障人士一道,向他们在日常生活中所面对的政治、文化和专业上的种种障碍发起挑战。1998 年和 2006 年,我们分别出版了本书的第二版和第三版,这两个版本都反映出,是残障社群不断并极大地丰富了我们对于残障的认识,但是,社会工作却普遍地没能承担起上述挑战。这两版也都大量描述了当时的情境,但是,书中的要旨几乎没有改变,它从不同的经济政治环境出发,对一直以来社会工作在残障人士生活中的角色提出了质疑。这个重要的思想随着人们把本书的不同版本翻译成繁体中文(中国台湾)、简体中文(中国大陆)、日本语和韩语,在国际范围内获得了认可。

本书第一版介绍了残障社会模式思想,这是它第一次以这种方式介绍给广大读者。随后,包括第四版在内的本书各个版本都沿用社会模式所提供的洞见,即,社会如何不予考虑那些具有损伤和长期健康问题人群的问题。进入 21 世纪以后,在一些学术和专业人士中流行这样一种做法,即,试图通过批评残障社会模式没有处理有关叙事、损伤和长期疾病等问题，来证明残障社会模式并不可信。这个观点遗漏了一个重点，那就是，残障社会模式根本无意解决上述问题。诚然，损伤经历及长期疾病对于个人而言极其重要，残障人士也必须找到属于他们自己的应对之道。医疗及相关专业人员在帮助个人应对这些状况时，其角色的重要性毋庸置疑。但叙事以及与疾病相关的问题都是关乎个人的，与社会无关。与之相反，社会模式并不是针对个人的，它所针对的是这个致残的社会（disabling society）。和讨论种族歧视、性别歧视或跨性别问题类似，当我们讨论残障时，歧视和排斥的产生并非出于个体的身心情况。把个体状况与致残的社会混为一谈，既让人困惑，也阻碍了行动。在个体层面上，个人不得不同时处理损伤问题以及由致残的社会所带来的问题。

一些对社会模式有所了解的残障人士，极其关注这场否定社会模式的学术辩论。这场辩论有可能会毁灭以往通过使用社会模式理解而造就的那些进步。有鉴于此，本书第四版将继续使用残障社会模式，我们认为残障社会模式既不是一种理论，也不是一种唯物主义观点，而是为如何解决包括文化、态度在内的致残性问题提供的一种视角。

第四版也是为了呼应残障者在改变英国残障政策意识形态基础方面所带来的种种巨大进步。这些我们都会在正文中详细介绍，但就本质而言，它包含了文化上的转变，即，从把残障者视作一群应该获得福利的人，转变到把残障者视作拥有充分权利去参与经济、社会和政治生活的同等公民。在修订本书的过程中，我们不得不反思在残障社会模式下，社会工作专业在工作中把残障者作为公民对待的这一变化过程中的各种得失。这一反思的结果可以说是令人失望的，而且，还带有更加严重的后果。首先，同时也是最为重要的是，成千上万的残障人士依然处在连社会工作者和福利体系管理者都无法忍受的境地中，这一景象让人无法接受。其次，为获得充分公民权利而奋斗的残障者运动已取得一定的成功，随着这些改变逐渐实现，社会工作极有可能因为未能将残障者当作公民对待,而渐渐自我排除于这个实践领域了。

我们对现在的这一版进行了大量更新,删去了许多陈旧资料,并把独立生活、选择和控制等机会的提升考虑进来。这一版还新增了保护这一章,专门提出针对残障者的骚扰和仇视性犯罪,这一问题从第三版开始便得到了人们极大关注。一些早期的参考书目和引文也因有所助益而继续使用。尽管现在看来,这些文字或许有些陈旧,与当前所使用的术语也不太一致,但是,这些文献有助于读者了解那段为了改变福利体系奋起抗争的残障者运动史,更重要的是,它们可以帮助读者意识到在社会工作内部发生的改变是如此之少。

本书无意要成为一本操作指南,而是意在提供一些无论政策如何改变都应当遵循的原则。但是,书中也会提及一些相关的政策文件。因此,本书将在残障社会模式框架下,不断发掘残障人士社会工作的潜力,同时,本书也会清晰地阐述个体模式(或其衍生形态)下的实践为什么是不可行的。各职业人群若不作出相应改变,他们很快就会发现他们将失去专业地位,因为残障者将会接手处理他们自己的问题了。

我们希望,这本书的第四版将能继续成为残障者和社会工作者在争取建立包容性社会道路上的一种资源。在那样的社会里,每一个人都能作为我们这个非常富有而幸运的国家之公民,得到相应的认可和对待。

迈克尔·奥利弗(Michael Oliver)

鲍勃·萨佩(Bob Sapay)

导论 背景介绍

19 世纪晚期,慈善组织会社(Charity Organisation Society)任命了首位医院施赈员(hospital almoner),由此,残障人士社会工作(social work with disabled people)①这一角色诞生了。第二次世界大战时,社会工作开始成为一个保留职位(reserved occupation)。② 但是,尽管社会工作已经朝向职业化方向发展,这包括专业训练、在儿童照顾和医疗保健方面具有的积极主动立场以及精神分析对它实践产生的影响等等,并且在大学里获得了地位。但是,就社会工作本质而言,它关注的却是基于功利主义原则进行的福利管理。国家关心的是确保福利分配基于的是把福利作为应对依赖的治疗法,而不仅仅把福利当成了镇静剂。从理论上看,社会工作者的作用是评估那些有需要的人的行为和动机,以便

① 作为残障社会模式创始者和坚定拥护者,这里作者们有两个写作方法请注意,一是使用了 disabled people 这个短语,而不是 person with disability,后者似乎在人权和法学领域更加流行,包括越来越多的使用于国际人权文书中的用法,如联合国《残疾人权利公约》(UN Convention on the Rights of the Persons with Disabilities/ UNCRPD)。此外在原文中为了突显社会工作者和残障人士的伙伴关系,作者使用的是 social work with disabled people,而不是惯常的 social work for the disabled people,这个 with 显示出了作者们的社会立场,是支持者和服务者更为平等的伙伴关系且社会工作是多方参与的一个产物,而不仅仅是一种专业服务。——二校注

② 保留职位是指那些被认定为对国家而言十分重要的职位,从事该职位的人可以免服兵役(尤指在战争期间);一个职位是否是保留职位视战争需要和该国特定环境而定。此脚注根据维基百科"reserved occupation"词条的释义归纳而成。网址:http://en.wikipedia.org/wiki/Reserved_occupation,最后访问日期:2014 年 8 月 25 日。——译者注

决定如何更好地帮助他们自力更生。但是实际上,福利机构倾向于维持他们对服务规划与管理的控制,因为,他们认为自力更生与长期需要互不兼容。

20世纪90年代早期,由于受制于财务问责和服务定额配给等主导思想的影响,人们将上述控制制度化了,照顾管理(care management)大量取代了社会工作。罗伊·格里菲思爵士(Sir Roy Griffiths)的《行动议程》(*Agenda for Action*)报告、《照顾人民》(*Caring for People*)白皮书以及随之而来的1990年《国民医疗保健服务和社区照顾法案》(*National Health Service and Community Care Act, 1990*)把照顾管理员(care managers)引入了地方政府的社会工作和社会服务部门中。照顾管理员的作用是评估残障者的个体需要,并购买相应的社会照顾服务以满足后者需要。社会服务管理部门成为了"授权部门"(enabling authorities),而不再是照顾的直接提供者。虽然,大多数照顾管理员是社会工作者,但社会工作并不是一个必备条件,许多职业医疗师(occupational therapists)和家务帮助组织者(home help organisers)也加入到社会工作者的这个新角色中来了。

社会工作内部本身也一直存在着一些争议,诸如大众化与专业化、社区与个人、物质关切与精神关怀、职业独立性与国家资助下的职业化,但是,这些争议大多关注效能提升,并没有质疑社会工作在福利管理中的功能。虽然,地方政府中依然普遍有社会工作的角色,但是,社会政策中相当数量的新倡议已经开始质疑是否需要社会工作这一问题了。

过去,中央政府和地方政府都对福利接受者的需要是什么有所构想。这不仅促使社会福利对可得服务的类型作出了回应,与此同时,还促进了对案主群体的构建。但是,在过去的40年里,残障人士自己一直在争取他们与国家间关系究竟应该如何的决定权问题上,进行着抗争,这其中就包括了决定社会工作的角色定位。当"**第三条道路**"(the third way)一词的确切含义饱受争议时,1997 年的工党政府看起来是支持独立生活(independent living)理念的,这一理念是要把服务控制权从福利机构那里转交到残障者手中。直接支付(direct payments)适用范围扩展到了所有已经接受社区照顾服务的人,同时,1995 年的《残障歧视法案》(*Disability Discrimination Act, 1995*)也得到了强化。

新工党的现代化议程(modernising agenda)使得和社会工作紧密相关的制度结构发生了巨大变革。人们解散了原有的社会工作教育培训中央委员会(Central Council for Education and Training in Social Work/CCETSW)和国家社会工作研究所(National Institute for Social Work/NISW),取而代之的是社会照顾委员会总会(General Social Care Council/GSCC)及它们在苏格兰和威尔士的对等机构。后者负责规范各种社会工作标准,社会工作者必须到他们所属的国家级社会照顾委员会(national social care council①)进行登记,除非是已经登记了,否则使用"社会工作者"头衔是违法的。社会照顾委员会总会自己遭解散后,卫生专业委员会(Health Professions Council)接手了它的功能。而人们也成立了一个社会工作学院(College of Social Work)为社会工作表达呼声。社会工作教育培训中央委员会(CCETSW)的其他活动,尤其是国家级社会工作职业标准的制定,被转交给了个人社会服务培训机构(Training Organisation for the Personal Social Services/TOPSS,现在的"照顾的技能"/Skills for Care)。

---

① 英国全称为"大不列颠及北爱尔兰联合王国",现由英格兰(England)、威尔士(Wales)、苏格兰(Scotland)和北爱尔兰(North Ireland)四部分组成,其中英格兰和威尔士于1999 年分别选举成立自己的地方议会和政府,北爱尔兰自 1998 年选举成立自己的地方议会和自治政府,这些地方议会根据英国议会授权或有关协议行使相应的立法权和行政权;英国议会及中央政府也会出台针对全英国的政策法规。因此,本书中出现的组织名称如含有"national"一词,通常译作"国家级",表示其组织范围包含英国全国。此脚注中对英国的介绍系根据中国外交部网站提供的《英国国家概况》改编。网址:http://www.fmprc.gov.cn/mfa_chn/gjhdq_603914/gj_603916/oz_606480/1206_607616/,最后访问日期:2014 年 8 月 25 日。——译者注

　　国家社会工作研究所(NISW)的一部分功能转移给了社会照顾电子图书馆(Electronic Library for Social Care/ELSC),一部分功能转移给了优异社会照顾研究所(Social Care Institute for Excellence/SCIE),后者负责界定和推动社会工作及社会照顾中的有效实践。优异社会照顾研究所(SCIE)任命国家独立生活中心(National Centre for Independent Living/NCIL)原主任简·坎贝尔(Jane Campbell)为首任主席,并在社会照顾委员会的治理机构中吸纳了服务使用者,这成为了一种新的致力于吸纳残障者全面参与的表现。那么,社会工作者与他们的案主之间应该是什么关系? 或者说,什么是社会工作呢?

　　这里"社会工作"一词是指,一种为个人或群体开展的有组织的专业活动。这类活动是依据个人、群体或社区(需要)来提供服务的。"专业的"这一形容词意指提供这些服务的人有资格履行这项工作,并由此取得了相应的经济报酬。这些服务提供的不仅包括需要与资源的匹配,而且还要求专业人员以伙伴关系来和残障者一起工作,帮助残障者确定他们的需要所在,并为了满足这些需要去争取足够的资源。这类活动的情境可能发生在社区照顾信托(community care trust)、社会服务部门、医院、住宿设施、志愿组织或任何其他相关机构内。涉及的方法包括个案工作、小组工作和社区工作,而这些方法可能会应用于家庭、住宿照顾、日间照顾、福利院(sheltered accommodation)等各类环境中。

　　这显然是一个完全不顾把社会工作局限于服务管理这种趋势下的一个非常广泛的定义。尽管,人们可能有充分且正当的理由要求社会工作普遍收缩它的活动地盘,但是,这种收缩在残障领域是不适用的,因为本书将通篇讨论,残障不是一个个体问题。相反,残障是一个关注加诸于个体损伤之上的、受到不友善物理环境和社会环境影响的社会问题;甚或是一个和社会对待这一特定少数人群方式有关的社会问题。因此,残障人士社会工作活动的基础应当进一步拓展,而不是像过去一段时间所讨论的那样进行种种限制：

> 许多残障是社会状况的结果，且服从于社会服务的介入。以医疗保健治疗为例，它无意去解决那些对于残障者而言是主要问题的，诸如低收入、社会隔离以及建筑障碍等状况。现在的问题是政府医疗部门与社会服务部门之间在争夺官僚系统的最高权力。这个矛盾包括了对问题本质及应对方法在意识形态与理论上的差异。（Albrecht and Levy, 1981:23）

这也是社会工作理论与实践这组关系上的另一个问题。人们对那些不以实践为基础而去建立理论的"象牙塔里的学者"（ivory-tower academics）不再抱有幻想。此外，或许这种对社会工作的普遍幻灭也是有正当理由的。社会工作作为一种实践活动，其理念天然具有政治吸引力，并且这也导致了对照顾管理理性模式的推动（社会服务监察组/Social Services Inspectorate, 1991a, 1991b），但它在残障方面的这一取向并不新鲜。汉维（Hanvey, 1981）、贝尔和克莱姆兹（Bell and Klemz, 1981）都对这一取向进行过概括。他们认为需要和服务之间的匹配是没有问题的：现实中存在 X 种致残情况，它们是由 Y 种原因造成的。这里还有一个法律和法规框架，残障者有许多需要，于是人们提供这些服务来满足他们的需要。这一传统在众多教科书中被固化成了"社会工作理论"，这些理论主张，介入的方法比社会问题或介入后果的知识更重要。在职业标准能力框架以及循证实践主导当前社会工作训练的情况下，这些取向得到了制度化。但是它们忽略了一些关键问题："需要"是什么？ 提供的服务是恰当的吗？ 正如萨佩（Sapey, 2004）所指出的，当社会工作者和残障人士还没有对介入目标达成一致时，开展循证实践有什么意义吗？

但愿残障人士社会工作真如这种实践取向一样简单，即，在法律和法规框架内，资源与需要是匹配的。我们在这里要指出，把残障视为个人悲剧或灾难的这一主导观念是错误的，这可能会导致资源遭到不恰当的供应。我们还要进一步指出,社会工作作为一个有组织的专业活动,过去已然是忽略了残障者,或者基于残障是一出个人灾难的主导观念进行的干预。

本书的首要主题是,社会工作作为一个有组织的专业活动很少考虑到残障问题。即便有考虑,也只是将传统思维复制到它对社会工作实践的应用中去了。本书的第二个主题是,这种关于残障的传统思维多数是不准确和不真实的,至少它与许多残障者的亲身经历不一致。第三个主题是提出更为恰当的残障解释,并引出它对社会工作实务的一些影响。

第一章 社会工作与残障：新旧发展方向

第一节 旧方向

一、社会工作的角色与任务

1970 年之前，残障者和他们的家庭实际上只能通过医疗保健服务或志愿组织获取帮助。西鲍姆报告［（Seebohm Report）卫生和社会保障部/ Department of Health and Social Security, 1968］、地方政府重组及 1970 年长期病患和残障者法案（Chronically Sick and Disabled Persons Act, 1970）使残障者服务成为社会服务的职责之一。1990 年国民医疗保健服务和社区照顾法案促成了成人社会服务重建，而 1989 年的儿童法案（Children Act, 1989）则为残障儿童带来了相对独立的服务。

20 世纪 80 年代中期，那些不满于服务分配不公（Feidler, 1988）和作为社会服务使用者却缺乏自主性（Shearer, 1984）的残障人士们，纷纷给社会服务施压。此外，政府部门也关注到不断攀升的成人福利服务费用（审计署/ Audit Commission, 1986）。1986 年残障者（服务、咨询和代表）法案［Disabled Persons(Services, Consultation and Representation) Act, 1986]旨在确保残障者在他们自身需求评估过程中的话语权。但是,后来1990年的法案①把这个法案取代了,1990年的法案试图通过在社会服务领域引入准市场机制来控制开支。1990年法案强化了作为残障者需要仲裁者的地方政府的地位,为此,残障人士不断地通过社会运动来争取对个人助理(personal assistance)的更大控制权(Oliver and Zarb, 1992; Morris, 1993a; Zarb and Nadash, 1994)。这场抗争的结果之一是1996年通过了社区照顾(直接支付)法案[Community Care(Direct Payments)Act,1996],它允许将资金直接拨给服务使用者。直接支付以及使社会服务使用者掌握控制权成为社会照顾政策的一项基础:"成人社会服务的指导原则应该是给那些需要支持的人提供服务,以促进他们产生最大的能力和潜能"(卫生部/Department of Health, 1998: para. 2.5)。

政府(卫生部,1998: para. 2.11)也致力于采取如下行动减少院舍式照顾(institutional care)的使用:

- 更好的预防性服务,并对康复服务予以更多关注;
- 扩大直接支付计划;
- 更好地支持那些具有工作能力的服务使用者;
- 增强对人们不断变化的需要的审查和跟踪调查;
- 对有精神健康问题的人增强支持;以及
- 为照顾者提供更多的支助。

《社会照顾的质量战略》(*A Quality Strategy for Social Care*/卫生部,2000)和《社会工作培训要求》(*Requirements for Social Work Training*/卫生部,2002)都强调了社会工作者需要具备在工作中与服务使用者结成伙伴关系的技巧。卫生部还提供资金帮助大学聘请服务使用者参与到社会工作教育里,把残障人士带进课堂里做老师。这种对残障者专长的尊重,反映出对过去那种把社会工作者视为专家的观念已经发生

---

① 即1990年国民医疗保健服务和社区照顾法案。——二校注

了重大转变。

　　社会工作者的角色或许可能会受组织发展的影响,但是,它实际上并没有发生什么变化。尽管从理论而言,社会工作者的角色被设想得越来越宽泛,包括了对个人和家庭提供个别社会工作帮助、需求评估、提供支持和康复服务、支持和培训社会照顾工作人员,以及协调护理包(社会工作教育培训中央委员会,1974; Stevens, 1991)。但在实践中,社会工作者的作用非常有限。

　　不少研究都在讨论社会工作与残障者的关系,可惜,两者之间的关系很少是相得益彰的。社会工作者经常无法认识到和残障者一起工作的潜在价值。普利斯特利(Priestley, 2004)指出,人们把社会工作的核心功能构造成了强化残障者的依赖性:

　　　　照顾评估和管理的实践并非简单的技术性"守门员"(gate-keeping)机制,它用一种很特别的方式界定了残障人士的需要。有价值取向的购买决定能够持续地将"照顾"神话凌驾于独立生活之上。它以支持社会融合为代价,却仅仅关注了个人照顾资源和极有限的家务负担。因此,照顾评估经常是强化了残障者在其自身家庭中的社会隔离,而不是去挑战强加在残障者身上的依赖性。(Priestley, 2004: 259)

　　随着20世纪90年代福利的管理主义化(managerialisation of welfare)风潮,许多社会工作管理者转而信奉品质保证(quality assurance)的信条。这一信条宣称,只要有服务,由谁提供或由谁组织并不重要。但是,这和大量来自福利使用者的证据有矛盾(Howe, 1987; Morris, 1993a; 1993b; Willis, 1995),后者表明,社会工作者通过什么方式履行职责非常重要。这一信条不但忽略了济贫法(Poor Laws)经验中的智慧,即,如果要克服因接受国家救助而给贫民带来的污名,福利管理者就需要在"政府和穷人之间建立一种人性化的关系"[阿尔伯特·埃文斯议员(Albert Evans MP),引自 Silburn, 1983]。这一信条还违背了大量来自实践的证据,如道森(Dawson, 2000)发现,很大程度上,残障者是否接受直接支付是受社会工作者态度的影响,这清楚地说明专业实践可以对残障者的生活带来积极或消极的影响。直接支付这个话题会在第三章再次谈及。

再者,社会工作者没能为他们的介入发展出充足的理论和实践基础,这也使他们饱受责难。尤其是残障社群,他们谴责社会工作者漠视其损伤和长期疾病、利益和权利,忽视了残障者对实际辅助和口头建议的需要,并且没有把残障者纳入社会工作培训过程中。残障社群还对他们在专业人士/案主关系中处于次要而非平等的地位表达了强烈不满(Finkelstein, 1991)。此外,社会工作者对全心全意地投入残障群体工作总是显得不太情愿。

有肢体损伤(physical impairments)的成年人,无论是工作年龄段的、有接受社会照顾资格的成年残障者中,还是处于该年龄段但不具备接受社会照顾资格的残障者里,都是数量最多的人群。为处在工作年龄段的肢体损伤成年人提供的社会工作支持和服务,没能像有学习困难(learning difficulties)或精神苦恼(mental distress)的成年人那样得到特别关注。这还体现在了社会工作者选择从事的职业上。有些情况下,对肢体和(或)感官损伤成年人的社会工作(服务)可能被当作对老年人提供支助的一个"附加项"了。

作为对社会工作者无兴趣的一项测量中,萨佩(2004)回顾了与残障相关的社会工作研究文献,发现只有八分之一的文章发表在社会工作杂志上,而超过半数的文章是发表在由残障者主导的残障研究领域。

一些(社会工作)训练课程中对残障(知识)不恰当的教学,可能导致了社会工作者在和残障案主一起工作时感到信心不足或无法胜任。社会工作者个人对损伤的恐惧,或也意味着他们把残障看作人类悲剧或灾难,由此,他们不再愿意介入人们为此所作出调整的个体性后果和社会性后果中。然而,最主要的问题是,社会工作者像所有其他专业人员一样,是用一种不恰当的残障理论或模式工作。所以,在某种意义上,社会工作的介入如此有限,或许也是一种幸运了。当然,在社会工作专业领域内外都有人试图改变这一现状(Oliver, 1983, 1991; Holdsworth, 1991; Stevens, 1991; Middleton, 1992, 1995; Morris, 1993a; 1993b; 1997a; Swain *et al.*, 1993; Thompson, 1993; Cavet, 1999; Oliver and Sapey, 1999, 2006; Moore *et al.*, 2000; Read and Clements, 2001; Harris, 2004; Glasby and Littlechild, 2009),但是,社会工作者的雇主们对于社会工作实务环境并没有作出很大改进。正如霍德斯沃茨(Holdsworth, 1991:10)指出的:

> 由此可见,赋权增能社会工作(empowerment social work)实务,包含着社会工作者态度的急剧转变。而且,如果想要避免在个体社会工作者和雇佣机构之间长期存在的矛盾,最终社会服务部门以及社会整体的态度也要发生大幅改变。然而,全社会和社会服务部门的观点不可能立即转变。因此,当社会工作者和她的案主结盟,并就实现双方都同意的服务需要进行尝试时,个体社会工作者大概都要经历和雇佣机构至少是短期性的冲突。

在考虑适宜的社会工作干预模式之前,有必要讨论当前的模式为什么不适宜。我们把当前的这个模式称为残障"个体模式"(individual model)。

第二节　新方向

一、社会工作的角色与任务

近来,人们把社会工作的角色继续设想得相当宽泛:

> 社会工作专业推动了社会的改进、人际关系问题的解决以及赋权增能和解放民众以增进福祉。借助有关人类行为与社会系统

的理论,社会工作介入了人与其环境的互动。人权和社会公正原则是社会工作的基本原则。(社会照顾委员会总会,2008:9)

社会工作者执行的具体任务会依据情境而有所差异,但是,根据社会照顾委员会总会(2008:16)的定义,这些任务会包括帮助儿童和成人:

- 克服残障伴随的各种问题;
- 顺利过渡到成年期并实现独立生活;
- 获得直接支付、个人预算和其他资助;以及
- 获得个人助理、辅助器具调整(adjustment)及就业调整。

然而,人们也期许社会工作者能在确保福利供给的公平性和有效性上发挥作用,即通过:

协助确认公共资源的分配及其收费都是公平的,并将服务在类型、规模及质量上与需要不相符的任何证据告知(委员会的)专员。(社会照顾委员会总会,2008:16)

尽管这些目标或值得称赞,但是,如果社会工作者没有首先对残障有所认识的话,他们也无法为残障社群做好服务。

第三节　解释残障

当思考"残障是什么"这个问题时,三个主要来源可以依循。首先,是关于残障的普遍**社会意识**或文化,其次,是残障的**专业定义**,第三,是残障者自己表达出的**个人现实状况**。

一、渊源一:对残障的普遍社会意识或文化观点

当代主流观点认为残障是一出个人悲剧或灾难,但是,这并不适用于所有的社会,有些社会就认为损伤(impairment)是被(神)选中或被

附体的象征。文化、习俗和信仰随时光流转，实际上即使在同一种文化中，关于何为残障也并不总能达成一致：

> 把某一类别的人归类在"肢体残障"（physically handicapped）的术语下，这是像人种学数据一样，很难拿来处理。对我们而言，这类（肢体残障的）人附带了一些社会责任，而这些责任特别针对了我们社会的某些情况。这种分类不代表逻辑或医学上的特征分类。例如，红色头发既是一种身体特征，在某些社会情境中它也是一种障碍，但是具有这种特征的人并未被归入上述类别。特征本身也不是唯一的分类标准，因为，尽管某个有小儿麻痹症的人可能因疾患而跛足，人们也认为他存在残障；但一个穿了不合脚的鞋子或脚上生疮的人的跛足则被人们排除在该类别外了。

> 当有人介绍异于我们自身文化的其他文化概念时，混乱就增多了。即便假定在其他社会中存在这样的分类，它的内容也是不同的。在达拉斯（Dallas）[①]仅是一个破了相的疮疤，到非洲的达荷美（Dahomey）[②]就成了令人尊敬的印记。（Hanks and Hanks, 1980: 11）

残障文化观的差异不仅仅是个偶然事件。一系列的因素，诸如社会结构的类型，都可能会导致产生这一差异。例如（个体）行动能力受限，它发生在农业社会里就不如它在狩猎或采集社会里所遭遇的问题严重。生产的组织方法也会对其产生影响。

> 高速的工厂生产、强制的生产纪律、严格的时间观念及产量规则等，所有这一切对过去那种可包容残障者的、较慢速的、较多自主性的、方式灵活的工作而言，都是一种极为不利的变化。（Ryan

---

① 达拉斯：美国城市。——译者注

② 达荷美：非洲国家，现国名改为贝宁共和国。参见新华网：《贝宁概况》，网址：http://news.xinhuanet.com/ziliao/2002-06/19/content_447380.htm，最后访问日期：2014 年 9 月 3 日。——译者注

and Thomas, 1980: 101）

格利森（Gleeson, 1999: 195）从社会模式角度对残障进行了历史性的地理分析,他指出这一取向"在承认损伤唯物现实的同时,也强调在不同时代和不同地点,这一形式所体现的社会化方式各异"。

因此,一个社会的社会结构与价值观,对于塑造残障文化观有着重要作用。在一个基于个人成就决定个人成功价值的等级制度结构中,毫无疑问地,绝大多数残障者与他人在同等条件下竞争时,会因其衰弱的能力而处于这一等级制度的末端。而一个以宗教为核心价值的社会,很可能把残障诠释为对罪的惩罚、遭邪魔附体,或反之是得到上帝遴选的神迹。

上述及其他种种因素形成了对残障各异的社会态度。其关键在于,把残障视为个人灾难和个体悲剧的普遍观念只是一个具有文化特性的观点,而不是（对残障的）唯一的观点。可以肯定地说,把残障视为个人灾难是工业社会和后工业社会的普遍观念。但残障的专业性概念及其对服务供给和对专业干预的意蕴却相当地多元。

二、渊源二：当前有关残障的各类专业定义

汤森（Townsend, 1979）建议专业性定义可以分为五大类：异常（abnormality）或损失（loss）、临床症状（clinical condition）、功能限制（functional limitation）、偏差（deviance）及不利状况（disadvantage）。这些类别都属于残障个体模式,时至今日仍处于主导地位。尽管这些类别单个看起来都是依特定目的或情境发展出来的,无法说它是对了或错了,但是,它们都可以从不同角度进行些讨论：

1. 异常或损失

可以是解剖学上的、身体或精神上的损失。它可以指损失某一肢体、某一部分神经系统或某一感官（如聋或盲）。有以上状况时,不一定就导致残障。一些人失去双腿却可能有着繁忙的社会生活；而有一

些人却因小小的面部瑕疵，恐惧和他人接触，结果长期闭门不出。

2. 临床症状

这指的是那些改变或打乱了生理或心理过程的状况。对这些状况的诊断往往非常棘手，某些特定状况是否属于临床病症到目前仍有争议。

3. 日常活动功能限制

这指的是没有能力（inability）或至少是能力受限，不能完成"正常的"个人或社会任务。要对可测量能力建立客观标准显然很有难度，因为这要考虑诸如年龄、性别和动机等其他因素。一些外部因素也很重要：一名轮椅使用者在一间采用了标准设计的房间里，他的功能就可能受到了限制，但他若搬去一间在设计时就考虑到轮椅使用者（需要）的房子时就不会功能受限了。

此外，几乎每一个人都会随着年龄的老化而出现功能受限，这是正常的、意料之中的。然而，尽管有的专业定义把许多老年人归为残障，但这并不代表老年群体自己和整个社会认同这样的定义。

4. 作为偏差的残障

这包括两个方面：第一，偏离了公认的生理标准和健康标准；第二，偏离了和某特定个体或群体的社会身份相适宜的行为。当残障被视为对特定规范的偏差时，这些规范是什么以及由谁制定的问题就凸显出来了。涉及偏差行为时，类似的问题也会产生：是谁规定何谓规范和适当行为，他们参照的标准是什么？它是偏差于非残障者（non-disabled people）的适当行为，还是偏差于残障社群的常态行为呢？

5. 作为不利状况的残障

这指的是在向处于特定社会等级的民众分配物资时，残障者得到的份额经常少于他们那些非残障的同类。这极大地扩展了残障概念，因为不仅肢体损伤者处于社会不利状况，具有 2010 年《平等法案》（Equality Act, 2010）中界定的 9 类受保护特征的任何人，以及受教育程度偏低者、酗酒者和单亲家庭人士也是如此。

残障"个体模式"预设残障者所经受的问题是其自身损伤的直接结果,因而专业工作人员试图使残障者适应其自身的残障状况。(在这种模式之下)通常会有复能(re-ablement)计划,用来让残障个体尽可能康复到接近正常的状态。在肢体和感官损伤的情况下,还会有心理调适服务来帮助个体接受其生理局限。社会工作采纳了这一居于主导位置的残障个体模式,也和它争取专业地位和得到承认的经历紧密联系:

> 在寻求专业地位时,社会工作一直强调医疗的、心理治疗的、个体的工作模式,因为,这似乎是展现其专长和职业权威的最好的办法。(Wilding, 1982: 97)

这一工作方式设想的是,残障者遭受了巨大不幸。为了最终能够接受这种不幸,残障者必须经过一个悲伤及哀悼的过程,就像那些失去亲人的人必须悲伤或哀悼一样。只有经历这些过程,个体才能应对死亡或残障。

如此,我们对这种个体化解释(individualistic explanations)可以从三个主要方面进行批判。首先,这一解释暗指个体由其遭遇的事件所决定,只有经过一系列的心理机制或经过几个固定阶段,才能实现对损伤的调整。第二,(对损伤的)调整主要被认为是一种个体现象,是残障者个人的问题,因而忽略了由家庭情境和更广泛的社会形势带来的影响。最后,这一解释模式和很多残障人士的实际经历不符,他们既不自怨自艾,也不需要经过一系列所谓的调整阶段。克拉克(Clark, 1969: 11-12)就提供了这样的例子:

> 失明并不一定、而且常常并不触及人们的理智和情感核心。发生改变的只是他与外部世界的关系。他对这种关系已如此熟悉,以至于很少去想它。

与此类似,尼迈耶和安德森(Neimeyer and Anderson, 2002)的意义

重建取向(meaning reconstruction approach)也拒绝接受这一阶段论模式(stages model)。意义重建取向指出,损失之后的意义重建有三个重要的方面:建构意义、寻找获益及重建身份认同。人们意义重建的路径迥异,这取决于他们个人的心理倾向、精神信仰和社会支持系统,而非通过一些预设的心理机制。但是,阶段论取向现在已成为主流,残障个体模式和它的理论一样,与"心理学的想象力"高度契合。理论家们设想变成残障后会是什么模样,假设它必定是场悲剧,从而认定发生这样的事情后,必须进行艰难的心理机制调适。

　　另一个影响因素是,这些个体化的解释在政治上有很大的实用性。当一个残障者达不到专业人员所设立的康复目标或是经常纠缠地方社会服务部门时,人们可能就把她描述成在依从治疗(方案)或适应她自己的"残障"方面存在问题。这就很方便地使现存社会世界(social world)远离质疑、使复能工作人员的目标免受责难、使未能提供恰当援助的福利部门得到了忽略。

　　这里的基本问题仍是:社会工作者不去追问关乎残障的社会现实,而是仅以那些想当然的日常意义为基础继续工作。但是,既然如此多的残障者都能够在合理水平上行使其功能,那么就应该肯定这才是在逻辑上正常的日常生活反应。简单而言,(对损伤的)调整可能是正常且完全不构成问题的。芬克尔斯坦(Finkelstein)曾指出,使用这种(想当然的)观念简直是将健全人的常态标准强加于残障对残障个体的意义之上,(这种观念的强加)根源于"助人者/受助者"的关系:

　　　　把损失归于残障者,不只是某位助人者产生的转瞬即逝的念头。助人者和受助者的关系就建立在这种标准的假设之上。"假使他们没有损失什么的话,他们就不需要帮助了"。根据这个逻辑,下一步就是:"既然我们是代表社会来实施这些帮助的,这个社会就需要建立一套解决问题的规范。"(1980: 12)

尽管个体模式遭到了长期的批评,但就残障而言,它仍然很明显地占据着主导地位。或许它已经具有库恩（Kuhn, 1962）所称的"范式"（paradigm）特征了，即，它是这个领域里全部工作所依附的知识主体。但范式有时会被"革命"取代或推翻，而这一革命过程常常是由一两个对现存范式的批判所触发的。只有这样，一个新范式才得以发展并取代旧范式。在进行了上述批判之后，现在值得考虑的是一个新范式——残障的"社会模式"（social model）——可能是什么样子。

三、渊源三：个人现实

这一把残障呈现为悲剧或个人灾难观念的一个根本性转变，是要在于证明它在解释残障社群遭受排斥和限制的领域里是不充分的。它来源于残障者他们自己的个人现实，最初是由残障者在 20 世纪 70 年代书写出来的：

> 我想要强调的是，直到最近我们还在说的残障者的生理特征导致了他的残障。这真的是把重点放错了地方。我要说的是，也许这一说法在历史上是有用的，但是它也造成了某些消极后果。今天我们可以建构另一种看待残障的方式，它也许更有用。它将有助于我们在以前的观点之上建立（新观点）。现在，我想说的观点对于重新诠释残障者所面临的问题而言是根本性的。（Finkelstein, 1972: 10）

这一观点的根本性在于，把关注点从特定个体的生理和心理限制那儿，转移到物理结构、社会系统、文化环境和社会环境对某些群体或某些特定类型的人所施加的限制上。希勒（Shearer, 1981b: 10）在她对国际残疾人年（International Year of Disabled People）的批评中，抓住了范式变革的需要：

> 1981 年国际残疾人年的第一个官方目标是"帮助残障者在生理或心理上适应社会"。但真正的问题却是另外一个。社会愿意在多大程度上，调整其工作模式和预期目标以包容社会上有残障

的成员，并移除现在强加于他们既有限制之上的障碍呢？

因此，调整是一个社会问题，而不是残障个体的问题。

还有一些人认为，这不仅事关社会调整其形式及预期的意愿，还包括移除社会压迫（social oppression）。而这些社会压迫，正是因（社会）调整失败而产生的。肢体损伤者反对隔离联盟（Union of Physically Impaired Against Segregation/UPIAS）指出：

> 在我们的观念中，是社会给肢体损伤者带来了障碍。残障是强加于我们损伤之上的东西，使得我们遭受了不必要的隔离和排斥，难以充分参与社会。要理解这一点，就必须抓住肢体损伤和损伤者遭遇到的"残障"（disability）社会处境之间的区别。因此，我们把损伤（impairment）定义为：缺少部分或全部的肢体，或是肢体、身体组织或身体功能存在缺陷。残障则是社会不利状况或活动受限，其成因是现今的社会组织不顾或很少顾及肢体损伤者的情况，而把他们排除在社会活动的主流之外……因此，残障是一种特定形式的社会压迫。（1976: 3-4）

残障社会模式认为，损伤是个体限制的一个原因，而残障是强加在损伤之上的。这也可以总结为：

> 残障是社会的政治、经济和文化规范导致的社会不利状况或活动限制，这些社会规范很少考虑损伤者，并将其排除于主流社会之外。（因此，像种族歧视和性别歧视一样，残障就是歧视和社会压迫。）

> 损伤是一个人的心理、身体或感官特征，它是长期的，可能是，也可能不是因疾病、基因或伤害造成的。

某种程度的损伤及其带来的个人限制是人类物种多样性的一个正常的、恒定的组成部分，残障却不是恒定的，它随着情境、文化、社会系统和实践的改变而变化。一个社会没有考虑到损伤者的一个主要后果，就是制造了致残的社会障碍（disabling barriers），它们可能是态度上的、系统上的、文化上的或物理环境上的。"残障人士"(disabled people)这个词汇在残障社会模式下意味着损伤者被社会所障碍了。

这一残障社会模式和所有范式一样,对各个社会的世界观产生了根本性影响,特别是对其中特定问题的看法。简言之,个体模式关注的是个体在试图使用自己的环境时遭遇到的功能限制。社会模式则视残障是由就业、住房、休闲和医疗设施等社会世界不适应特定个体的需要而产生的。

尽管希勒和肢体损伤者反对隔离联盟(UPIAS)都提倡残障的社会模式,但希勒要求社会(即非残障的社会/non-disabled society)移除强加在损伤者之上的障碍,肢体损伤者反对隔离联盟主张的是:只有损伤者自己进行主动"奋斗"才能去除残障。可见,前者认为减轻或移除残障可能是一种赐予,而后者则认为这一切必须通过奋斗才能得到。由这些不同观点产生了对专业实践的各不相同的看法,即专业人士究竟是应当自我掌控工作,还是与残障人士一道合作工作。

尽管残障社会模式背后的思考源自具有肢体损伤的残障人士(Finkelstein, 1980; Shearer, 1981; UPIAS, 1976),但把它放到其他损伤人群情况下也是适用的。哈瑞斯(Harris, 1995)提出,在大多数员工是健听者的工作情境下,使用英国手语(British Sign Language/BSL)的聋人时常需要忍受语言孤立的不利状况。聋人员工因被要求尽量与健听员工一样行事而倍感压力,哈瑞斯指出,许多聋人不得不在与同事完全缺乏有效沟通的条件下开展工作。聋人遭受的社会不利状况源自管理者及同事缺乏对彼此之间言语差异的宽容和尊重,而这又成为聋人需要自己解决的个体问题,却没有被健听者视作一个难题(Harris, 1997)。哈瑞斯认为,健听者态度的改变和学习英国手语(BSL)的意愿,可以极大地改变这种不利模式,为聋人提供一个增能的环境。

塞斯(Sayce, 2000)和贝雷斯福德(Beresford, 2004)都认为残障社会模式和有精神苦恼人士有关联。塞斯描述了一个残障—包容模式

(disability-inclusion model)，在这其中，她呼吁一个双管齐下、解决污名化和社会排斥的途径。首先，要有一个强力的反歧视立法；其次，要通过宣传"不必羞耻"(no to shame)，主张积极的身份认同。她和贝雷斯福德也都认为，社会模式和精神苦恼之间可能存有张力，尤其是因为社会模式接受了损伤这一概念，而很多被贴上"精神病"(mentally ill)标签的人却不认为自己的"苦恼"是一种损伤。但也有一些人认为，他们是因为有了损伤才遭受到歧视(Beresford, 2004)。

尽管已有人指出社会模式依赖于接纳损伤概念，但是，还有一些人指责社会模式的使用没有充分考虑到损伤状况(Morris, 1991; Crow, 1996)，这会在下一章继续探讨。社会模式也因没有考虑到个人能动性的使用而遭到批评(Allen *et al.*, 2002)。需要认识到的是，残障人士确实需要发挥个人能动性来应对自己的损伤，并要使用那些在设计时并未考虑他们（需要）的社会环境。检视能动性的使用，也许在探索损伤者如何应对社会这个方面是有价值的；此外，它也可以拿来检验在哪个社会系统和实践中，残障社会模式是最有用的工具。

另一种对残障社会模式的批评来自斯图亚特(Stuart, 1994)，他认为社会模式在实施中倾向于使用排他性的分析方法(exclusive analysis)，因而没能承认残障黑人身受的多重压迫。他解释道：

> 医学压迫和社会模式的授权潜力，与残障黑人及其他任何残障者都有关。应该看到，黑人残障社群的正当观点有可能增进了我们对于残障过程以及获得增能途径的理解。我们也应意识到这些人可能并不接受目前这个被理论化的社会模式所试图提供的解放。如此一来，人们认识到残障本身也是具有种族性这一点就非常重要了。因此，换句话说，对残障的感知取决于个体的肤色、他或她的种族认同。(Stuart, 1994: 372)

黑人残障者的经历显示，正如英国其他领域一样，种族主义运作于残障研究和残障者运动当中。在某种意义上，残障者组织也未得免除或免于对黑人的压迫。艾哈迈德(Ahmad, 2000)指出社会模式可能"看起来太西化"(over-westernised)了,因为它来自一场在历史和文化方面都很独特的政治运动。在残障社会模式的使用中,如果要它提供一个包容广阔的分析,就需要确保采取的是一个种族多样化的、文化多元的和信仰多元的取向,以便容纳对残障的不同理解。

因此,残障社会模式既不是关于残障者本身的、也不是关于他们损伤经历或其能动性运用的;它关注的是那些没有考虑损伤者情况的社会系统、结构和做法。社会模式的叙述以及诠释它的方式可能会给人造成一种印象,即,社会模式必然要忽略损伤体验以及在不同场景下应对损伤的方法。但这些并非社会模式意欲解释的。一个模式就像一个工具,它帮助我们检验环境,它可以用于理解不同的经历,而非必然规定残障者的经历应该是什么模样。只是,那些损伤经历毫无疑问将成为文化定位并会反映出不同的阶级、种族、社会性别等,因此它的话语可能带有文化偏见。

当我们使用社会模式的理解时也需要意识到,在对损伤作出回应中残障的历史经验是有其文化落脚点的(Gleeson, 1999; Borsay, 2005)。那些处在不同文化中的人,以及在种族、酷儿(queer)或社会性别研究中,也可以使用社会模式来展现这些情形之下的残障(问题)。同样的,这些学科也都需要在各自的学术共同体内考虑残障歧视(disablism)问题。

残障社会模式可以与关于个体残障者及其损伤经验和关于残障歧视的模式及理论一起使用。在借鉴托马斯(Thomas, 1999)对残障歧视的心理—情感维度的研究后,里夫(Reeve, 2002)的研究显示,残障者对压迫的内化并非个体心理缺损的结果,而是他们在一个致残性的社会中遭到各种对待后的结果。社会模式所蕴含的价值在减少这些弊端时具有显著效果,如塔特等(Tate et al., 1992)的一项研究显示,在急性康复期间被纳入"独立生活计划"(independent living program)的脊髓损伤患者,相较于那些接受传统的、以医疗为主要服务的损伤者,能够以较少的负面心理影响去适应新环境。

残障社会模式的创新之处在于,它不把残障的问题归咎于残障者自身,说"他们自己有什么不对劲";它摒弃了个人病理学模式。因此,当残障者不能完成某项工作时,它是在不佳的社会实践、不良的建筑设计、他人不切实际的预期目标、不良的组织生产或不适宜的居住环境等因素中进行原因分析,并寻找解决的方案。如果上述这些(因素)都是充分包容性的,那么人们就会设想残障可以移除,而个体也就不用再"被残障"了。

第四节　社会模式及其对社会工作的影响

毫无疑问,实际上已有个别的社会工作者和社会服务部门开始不再以个体模式为基础,而是在和残障社会模式高度匹配的情况下开展工作了。但是,社会工作作为一个职业,还没有对发展出自身的残障理论视角给予系统关注。他们选择与地方政府关于社会服务使用者的构想保持一致。即便,现在有了大量关于反歧视实务的文献,但除了汤普森(Thompson, 1993; 2001)这一显著例外,鲜有资料是支持应用社会模式视角来制止残障歧视的。

在进一步讨论社会模式对社会工作实务的影响之前,我们先来勾画一下残障社会模式。这和现今所认为的理论应当以实践为基础的惯常做法相悖。尽管理论依赖于实践的滋养,但是当实践者可能已经内化了一个不恰当的模式时,用实践来指导理论就会延续这个问题,因为这只会在理论层面上强化残障个体模式。此外还需铭记的是,残障社会模式源自残障人士的真实生活,因此从某种意义上看,残障社会模式是来自残障者的实践,而不是来自社会工作者的实践。从社会工作角度出发,我们将试图先铺垫理论基础,再考虑一些实践结果。这一讨论无疑会很简短,因为对残障社会模式的应用是主观的。实践者需要在与他们的残障案主协力工作中去发现它的全部意涵,而不是学者从他们的理论中抽取出实践的蓝图。

首先,我们通过考虑三种主要的、传统的社会工作方法(个案工作、小组工作和社区工作),可以做出一些与实践密切相关的说明。例如,把残障工作由个体模式转变为社会模式并不意味着个案工作的消亡,而是把个案工作视为一系列有技巧的干预方式之一。这并不否认有些人会因丧失健康的身体而感到悲伤或哀痛,而是建议这样的一种视角不应主导社会工作者对"问题是什么"的评估。因此,劝导悲者、丧亲咨询在一些情况下也许合适,但它肯定不能以在辨析和移除社会障碍时失去独立性作为代价。有些残障者,特别是有进展性的疾病(progressive diseases)的人,可能需要那种只有个案工作关系才能提供的长期支助。而且实际上,整个家庭也可能成为个案工作干预的目标(参见 Lenny, 1993; Oliver, 1995; Reeve, 2000; 2004; Lago and Smith, 2003, 关于咨询的讨论)。同样地,个案工作取向在残障者学习如何有效地使用直接支付时也可以提供支持。

同样,小组工作不再需要关注如何建立某种治疗环境,以便于残障者本人或家庭最终接受残障。小组可以用来汇集各类特殊津贴的信息、去何处以及如何得到特殊服务的知识,甚至可以在自助基础上给予个体信心去主张残障并非源自他们的损伤,而是因社会常把他们排斥在日常活动之外的做法。此外,小组还能成为促使残障者恢复对其生活的责任心的主要手段。

使用社区工作方法进行干预的前景也是令人欣喜的。2005 年政府《**提高残障者生活机会**》(*Improving the Life Chances of Disabled People*) 报告承诺,以现有独立生活中心 (Centres for Independent Living/CILs) 为模板,每个地方政府辖区都要建立一个使用者主导的组织(User Led Organisation/ULO),这被那些倡议要求此类服务的残障社群标记为一场胜利。这也为社会工作者和残障者协力工作、使用残障社会模式为独立生活共创支持,提供了一个绝佳的机遇。独立生活中心(CILs)和使用者主导的组织(ULOs)会在第三章进行讨论。

一、理论与实践

当我们提出在残障领域理论应指导实践而非相反时,我们其实忽视了社会工作实践中和残障社会模式相契合的一系列发展。这些理论是在其他领域,特别是在残障研究领域由残障者和他们的组织发展出来的。其结果是,理论和实践各自分开发展,没能结合成上述提到的"范式"。

尽管有人宣称实践带来理论,但(在残障领域中)这仅有的一点实践也是基于残障个体模式假设和观点上的。为了解社会工作者以及他们的管理者是使用何种理论来提供服务的,奥利弗和贝利(Oliver and Bailey, 2002)在回顾一个地方政府的服务时,开发出一个有价值的分析框架。这一框架甄别出提供服务的三种取向,即人道主义取向、服从取向和公民权取向。

二、人道主义取向

这种取向的服务,源自善意和想要帮助那些被视为不幸的个人和群体的心愿。这使得服务提供者掌控了这些服务,服务使用者则被期待着对他们所接受的服务心存感激。这一取向的结果常常是,提供者认为自己干得不错,但在询问使用者时,后者往往是批判或不领情。这个取向也常被称作慈善取向。

这一取向总结如下:

1. 提供者

- 我们知道什么是最好的

- 个体模式,这其中,残障者是个问题

- 给案主帮忙
- 案主应该心存感激

2. 残障者

- 不希望被居高临下地对待
- 拒绝个体模式
- 未被当作人而加以重视
- 服务不可靠

3. 结果

- 冲突
- 缺乏信任
- 服务不充分
- 满意度低

三、服从取向

这种取向是以政府政策和法律来推动服务。很显然,在残障者服务领域,1995年残障歧视法案(DDA)极其重要(最近2010年的平等法案取代了前者)。其他法律诸如社区照顾(直接支付)法案(1996),国民医疗保健服务和社区照顾法案(1990)及《长期病患和残障者法案》(1970)也都与此相关。这通常意味着服务提供者将在服务供给的原则上和实践上采取一种最低标准取向,仅做那些依据法律或政府规定必须提供的(服务)。对此服务使用者常常感到不满,因为他们认为未被给予那些自己有权利得到的服务。

1. 提供者

- 遵循法律、法规和规章
- 使用检查表的方法
- 达到最低标准
- 缺乏认同感和伙伴关系

2. 残障者

- 感到他们的权利未能得到完全满足
- 敷衍了事
- 认为服务并非由需要所引导
- 相信工作人员是趋向于完成自己的任务，而非实现服务目标

3. 结果

- 冲突
- 应得的权益和期望遭到拒绝
- 服务不充分
- 满意度低

四、公民权取向

这个取向要求将残障者视为完全的公民，具有全部权利和义务。

这一取向有三个方面：

- 残障者作为劳动者和有价值的顾客（使用者），被视作有贡献的社会成员；
- 残障者被认为是得到赋权增能的个体（选民）；以及
- 残障者被看作具有所有权利和义务的积极公民。

只有当这三个方面都实现，服务提供者和服务使用者之间的关系才是一种真正和谐的状态，方能达成以下三方面：

1. 经济维度

- 残障者是贡献者/劳动者
- 残障者是顾客

2. 政治维度

- 残障者（及其亲友）是选民
- 残障者是有权力的人群

3. 道德维度

●残障者也是人,并拥有人权

五、社会模式和公民权

社会模式的经济、政治和道德维度,需要社会工作者视残障者"为劳动者和有价值的顾客或使用者,视作有贡献的社会成员";承认残障者"是被赋权、增能的个体和选民,是一个有权力的利益群体";并视残障者为"拥有所有权利和义务的积极公民"(Oliver, 2004: 28)。

公民权取向如何实现,可以通过如下两个例子来说明:

1. 增大残障者从事社会工作职业的可及性;以及

2. 支持其使用直接支付,并推广自我需求评估原则。

第三章将检验后一个做法。关于前一个观点,萨佩等(2004)回顾了关于招聘残障者从事社会工作的研究,其结论是:最大阻碍来自那些受雇于社会工作机构里非残障者的态度,尤其是其中的社会工作者的态度。那些社会工作者表现出了种种制度性的残障歧视,正如萨佩(2004: 15)所说:

> 他们(指社会工作者)不能或不愿将残障者视作同事而非案主。尽管现有术语可能多种多样,如顾客、服务使用者、患者,但这些词语表达的情感是相似的,即人们总期望残障者处在一个接受帮助的位置,而不是成为一个助人者。

社会工作者在福利体系中或许占据了一个独特的地位,无论是直接或是间接受雇于国家用来实施其福利政策,社会工作者都是这个体系的人性面孔。他们不仅必须代表福利服务,同时也是那些服务使用者直接接触的唯一对象,因此,在向社会服务机构及更宽广的福利体系反馈这些使用者的需要、愿望和目标方面,社会工作者扮演着关键角色。这明确地要求社会工作者是个有技巧的沟通者,但他们若要利用和某种特定关系相仿的残障观念,就需要将(残障)个体与社会进行联结的一些方法了。

伴随着有限的资源、其他工作带来的时间压力、对此类工作不抱赞同态度的部门管理方式等等,大多数社会工作者可能都认为他们不大可能拥有和残障者及其家庭协同工作的"奢望"。现如今,协同工作和规划恰当的长期介入策略不再是一种奢侈,它们已经成为个性化服务日程上的一项要求了。这在经济上也具有正当性,因为有规划的介入策略可以预防和减轻在某些后续阶段上昂贵的危机介入需求。

本书的后几章不是"在残障社会模式下如何开展残障人士社会工作"的实践手册。与此相反,本书将展示一个带有导向性的视角,用来促进社会工作者在实践中与他们的残障案主协力同心共建伙伴关系。下一章将从在残障社会模式下对损伤的思考开始。

本章小结

● 尽管距离本书在第一版中介绍社会模式已过去了 30 年,但社会工作并没有在恰当地考虑残障社会模式的基础上,发展其理论与实务。

● 社会工作尚无法动摇那个嵌入普遍社会意识当中的个体模式。

● 最近,社会工作运行于其中的制度结构正有组织地聚焦于在严格的预算限制内提供服务。

● 机构本能地倚重"聚焦于产出"的服务修辞,以确保他们在司法审查其服务时不受非议,而他们的服务可被诠释为个体模式。

● 几年前,一些残障者组织的领导人进入社会工作管理机构担任有影响力的职务,就这样社会模式的信息开始得到传播。

● 运用了残障社会模式的《残障者生活机会》①报告曾经是一个里

---

① 即《提高残障者生活机会》(*Improving the Life Chances of Disabled People*, 2005)。
——译者注

程碑,但近年来对慈善的强调是在开历史倒车。

●社会工作专业人士已经开始与一些残障者以及他们的组织携手合作,但这或仅出于"使用者主导型参与"(user-led involvement)的要求。

●对社会工作者的回报将来自专业满意度和个人满意度的增强,这一方面是由于社会工作者运用专业技能的任务范围扩大,另一方面则是由于实现变革的可能性的加大。

●在与残障者一起工作中,社会工作的任务不应再是调整个体以适应个人灾难,而是帮助残障者找到个人的、社会的、经济的和社区的资源,促使他们得以过上充实的生活。

思考要点

练习 1

本章认为残障个体模式仍在社会工作中占支配地位。这主要是由于它主导了我们所有人思考残障和损伤的方式,其中的一个主导因素就是我们所使用的语言。因此,一项有益的练习是检查那些出现在日常对话、报纸或电视中用来描述残障者的语言。例如,"受轮椅约束的"(wheelchair-bound)这个词语是什么意思? 他们为何又被称为"受苦者"(sufferers)?

●列出你所找到或听说过的单词或短语,判断它们是消极的、积极的还是中立的。

●询问自己,这些词语如何影响你思考残障者的方式?

●询问自己,这些语言是否使你更惧怕损伤?

练习 2

根据人道主义取向和服从取向中福利提供者的特征(如下),调查一家你所熟悉的福利机构是何种取向。

人道主义

- 我们知道什么是最好的
- 个体模式,这其中残障者是个问题
- 给案主帮忙
- 案主应该心存感激

服从

- 遵循法律、法规和规章
- 使用检查表的方法
- 达到最低标准
- 缺乏认同感和伙伴关系

讨论并判断那家机构必须作出哪些改变,才能转向为公民权取向。

扩展资源

Barnes, C. and Oliver, M. (2012) *The Politics of Disablement*, 2nd edn (Basingstoke: Palgrave Macmillan).《残障的政治(第二版)》:深入分析社会如何排斥损伤者,进而使之残障。

Thomas, C.(2007) *Sociologies of Disability and Illness-Contested Ideas in Disability Studies and Medical Sociology* (Basingstoke, Palgrave Macmillan).《残障与疾病的社会学:残障研究与医学社会学中的争论》:一项跨越残障研究和医疗社会学的社会学解释分析。

兰卡斯特大学残障研究中心(Centre for Disability Research, Lancaster University),从2003年起举办残障研究国际会议,许多现存文献都可以在如下网址上查询:www.lancs.ac.uk/cedr。

　　利兹大学残障研究中心（Centre of Disability Studies，University of Leeds）是英国第一所同时也是最为活跃的一所研究中心。关于它的更多工作可浏览如下网站：www.leeds.ac.uk/disability-studies/。

　　残障研究档案馆（Disability Studies Archive）收藏了许多在别处不易获取的论文，并不断扩充其收藏量：www.leeds.ac.uk/disability-studies/ar-chiveuk/index.html。

第二章 损伤、残障与研究

导 言

第一章探讨了从纯粹的残障个体模式转变到使用残障社会模式，是如何开启了一条新的道路，并为减轻残障提供了方法。然而，社会模式因其未能对损伤和个体功能限制的体验给予足够的重视而受到批判。最早期的指责之一来自使用女性主义取向的莫里斯（Morris，1991），尽管她并不排斥社会模式，但是她指出了社会模式的局限，同时强调了在政治分析中兼顾个体感受及经历的重要性。

许多个体残障人士不断用亲身经历证明社会模式对于他们的意义。克劳（Crow, 1996: 56）完全接受了残障社会模式：

> 我的生命分作两个阶段：残障社会模式之前和之后。找到残障社会模式这样一种关于思考自身经历的方式，如同在波涛汹涌的海上发现一叶扁舟。它给予我一种对于生命的理解，并与世界上成千上万，甚至是数以百万计的人们一起共享。而我紧紧抓住了它。

不过，她继续说到，在考虑损伤体验及其影响时，社会模式并不必然有用，当我们使用社会模式时，这一点不应该被彻底忘掉。

> 我们需要用新的眼光去审视残障社会模式，并学会整合它所

有的复杂性。关键是我们要认识到残障和损伤共同运作的机制。社会模式从来没有暗示过残障代表了全部的解释或是损伤并没有包含于其中,这仅仅是我们将损伤的经历视为私人性的,并且未能将其纳入公共政策分析而给人造成的印象。(Crow, 1996: 66)

在英国乃至全世界,残障的个体模式仍然占据主导地位。社会模式倡导者的部分担忧在于,探讨损伤将会降低(人们)对于(残障的)社会性影响的关注度。这就需要先对损伤进行界定和识别,因为它是所有残障者的共同特征。因此,本章会讨论损伤和个体功能限制的问题。

第一节　医疗控制的相关内容

泰勒(Taylor, 1977)认为个体医疗模式取向之所以是完全正当的,正是因为造成损伤的主要原因是各式各样的疾病。简而言之,绝大多数损伤都是由疾病引起,而医生可以治愈疾病,即使是在那些医生无法治愈的情况下,医疗介入仍然控制着病情。因此,医生扮演了一个重要的、即便不是决定性的角色。有人认为这些疾病是会"残留"(residual)的,并认为(当今社会)发病率的增长是人们预期寿命提高以及老年人口数量增长的结果。这种观点的一项后果是,假定这些疾病是"退行性"(degenerative)的,并且在很大程度上是人口年龄结构分布的产物。根据多亚尔(Doyal, 1980: 59)所述:

新型"疾病负担"(disease burden)主要包括一些被称为"退行性"的疾病,诸如癌症、心脏病、关节炎和糖尿病,现如今这些疾病较之过去,使更多的人丧失生命或致残……而且,比起过去,现在更多人在生命中的更长时间内成为慢性病患者。

那些导致死亡或损伤的疾病非常相似,但泰勒认为预防的前景是有限的,并把医学专业作为处理上述状况的前因及后果的恰当手段。多亚尔的看法则不同,他与芬克尔斯坦及肢体损伤者反对隔离联盟对于残障的社会定义更为一致。可以这样认为,芬克尔斯坦认为残障有其社会原因,而多亚尔认为损伤也具有社会原因。这(即损伤具有社会原因)不仅仅是工业化经济的特征之一:例如居尔克(Guelke, 2003)在谈到新技术的使用以及它们在造成重复性劳损(repetitive strain injuries)的作用时就持有相似观点。

多亚尔认为这些退行性疾病几乎只发生在发达的工业化社会,不考虑个体性原因(差异),它们都源自这样一个事实,那就是人类从生物意义上已然适应的环境,发生了根本性变化。发达工业社会的生活状况制造出了"适应不良"(maladaptation)类的疾病。这个观点的含意与泰勒的看法有所不同。根据这个观点,如果这些疾病的致病原因主要来自(社会)环境而非个体,那么医学专业也就不是必须介入其中的那个至关重要的机构了。总之,如果这些疾病是人类和环境之间功能失调的结果,那么就应当规划开展针对物质环境的治疗(或预防)工作。威廉·亨利·邓肯(William Henry Duncan, 19世纪中期英国首位公共卫生官员)等人所做的工作,其重要价值就在于展现出贫民住房中的传染性疾病与不卫生的环境之间的强烈关联。这些曾在工业化过程中猖獗的传染病后来几乎被完全消灭,在这其中起主要作用的是对自然环境和卫生重要性的认识。

实际上,以伊利奇(Illich, 1975)为代表的一些人认为伤寒、霍乱、小儿麻痹症和肺结核等一系列疾病的消失,仅仅是因为物质环境的改变,而与药物的作用没什么关系,甚至药物有负面影响。伊利奇(1975)进一步讨论了"医源病"(iatrogenesis)这个术语的用法,他指的是"由医生诱发的疾病",并将其定义为"除非是在合理的、专业建议下的治疗,否则那些疾病原本不会产生"。

第二节　医学知识与社会工作的任务

本书建议社会工作者应该使用社会模式而非个体模式时,并不能就此推断社会工作者不应具备有关疾病的知识。实际上,缺乏疾病知识的社会工作者,将无法判断疾病对案主个体的、人际关系的或社会的影响。疾病知识可以从其他专业人士或者各种参考书中获得。但在绝大多数案例里,这种知识主要来源于残障者自身。因此,当一个年轻的社会工作者被派来服务于一名四肢瘫痪的女性时,面对这名陌生的案主,社工向对方坦言自己对四肢瘫痪一无所知,但愿意学着了解它。于是她们决定花上一整天的时间待在一起,从这个妇女醒来前开始,直到她上床入睡为止。社会工作者从这个特别的经历中学到的关于四肢瘫痪的知识,要比以往透过书本或其他渠道获得的多得多。这样做的结果能够为案主提供令人满意的服务。

从医学事实中抽取出其他方面信息也非常重要:症状是可见的还是不可见的,是静止的还是进行性的,是先天的还是后天的,损伤的是感官还是肢体,这些都会对特定损伤的个人、人际关系或社会方面产生重要的影响。希克斯(Hicks)以视力损伤为例对此进行了说明:

> 由于无法通过视线得到信息,也无法与其他人进行眼神交流,视力障碍者,尤其是功能性失明者,可能会遭遇一些在其他残障者中并不多见的人际关系问题和性问题。这些问题在先天性视力障碍者(从出生或婴儿期开始)或后天性视力障碍者(发生在视觉概念形成之后)中也有所不同。这些问题出现在初次相遇时、一系列的潜在伙伴中以及性关系中,并对案主的教育、咨询以及专业人士关系方面都有明显影响。(引自 Brechin and Liddiard, 1981: 79)

这就暗示了,就视力损伤者这一特定人群乃至泛泛而论所有的残障人士而言,对于社会工作者来说,知道损伤后果,远比知道损伤究竟是由青光眼、白内障还是色素性视网膜炎所引起的要重要得多。

因此,残障既非纯属一种个人不幸,也非纯属一个社会问题。它是损伤个体与社会施加在他们身上的种种限制因素之间的互动。这个关系被芬克尔斯坦(引自 Brechin and Liddiard, 1981:34)定义为:"社会使具有不同身体损伤的人致残。残障究其原因,是因为在社会关系中很少考虑或者根本没有考虑那些具有身体损伤的人。"

卡罗尔·托马斯(Carol Thomas, 2004:578)用独特来描述芬克尔斯坦对于残障的理解,由于"它(即残障)的**社会关系性**特征,使之成为和关系连接在一起的一种新型的社会压迫形式,表现在宏观和微观社会层面上,存在于损伤和非损伤之间"。

第三节　界定损伤

人们在探讨损伤和残障原因时,对残障者个人生活层面与社会生活层面的区分至关重要。为了了解社会如何制造出种种社会性强制限制(即残障),人们对这些限制是由医学状况所引起的这一点有所认识也很重要。使用残障个体模式意味着不会超越对个体功能限制的考虑,而使用残障社会模式则意味着在了解个体功能限制的基础上进一步去了解社会所施加的限制。

由于对疾病(sickness)、不良健康(ill health)、损伤和残障这几个词语不加区别地混用,使得卫生及相关专业人员与许多学者、政策制定者总是有些迷惑。他们中的一些人似乎对于什么是残障社会模式一无所知;另一些人虽然引用了残障社会模式,却继续使用个体模式的词汇高谈阔论;还有一些人则提出残障是由损伤所引起的,而否认残障社会模式。在使用个体模式时,残障被认为是在个体内部,因而"具有残障

的人"（people with disabilities）这个术语得以广泛使用,但在使用
"（被）残障人士"（disabled people）这个术语时,它意指人们既由于自
身损伤,也由于社会对待损伤的态度而致残了。

第四节 损伤来源

损伤原因有多种,有些是个人在生理上无法避免的状况,有些则完
全是突发事件的后果,还有一些则是生理状况和突发事件共同作用的
结果。一些人比其他人更有可能得到某种特定的状况。即便在残障的
社会模式里,疾病、健康不良和损伤也是真实存在并且需要被界定的:

● **疾病**是急性发作的,它致使人暂时面临个体功能限制,它可能需
要也可能不需要医疗介入。尽管急性发作事件终将成为过去,但它偶
尔也能留下长期损伤,如小儿麻痹症和脑膜炎。

● **健康不良**是长期性的,使人产生长期或永久性的个体功能限制。
它可能会被认为是损伤的一种类型,如心力衰竭和肺气肿。在某些情
况下它可能有发作期和间歇期,可能需要也可能不需要药物治疗,例如
糖尿病和多发性硬化症。

● **损伤**是永久性的,可能由遗传、（精神）创伤、疾病或未知的原因
引起。损伤者可能具有上述的健康不良,但也有许多损伤者并没有健
康不良,而且他们已有多年甚至是数十年未接受过医疗介入,如许多具
有脑瘫、截肢或学习困难的人就不需要额外的药物介入。

● **损伤后果**（impairment effects）这个概念系由卡罗尔·托马斯
（1999）提出,它类似于个体功能限制。损伤后果能够引起永久性的个
体功能限制。它对人的外表可能产生影响,也可能没有影响。有时损
伤会影响外表,但并不会带来实际的功能限制。

在残障个体模式中谈论**损伤后果**、**健康不良**和**损伤**,往往会使用**残**

障(disability/disabilities)这个词语,并从语言上把那些具有残障的人(people with disabilities)切身体会到的残障歧视、排斥与差别对待等概念排除在外。在其他语境中,如在计算机技术中,有些东西可以被禁止使用(disabled),然后重新启用(enabled)。虽然损伤不能像计算机那样被开启和关闭,但社会性障碍却是能够起作用(即开启)或得以移除(即关闭)的。

这里需要特别指出的是,尽管那些先天性耳聋(Deaf)的人使用手语,并且是聋人群体的一员,但他们并不认同上述任何术语,他们认为自己既没有损伤,也没有因耳聋而致残。他们的看法是,他们自己之所以受到排斥,是因为健听群体(hearing community)没有认可他们的语言和文化。他们用大写字母"D"将自己区别于那些后天的耳聋者,认为后者在成为聋人之前已经学会了口语,故应属于健听群体。这个观点在先天性耳聋者(Deaf people)、后天性耳聋者(deaf people)和听力障碍(hearing disability)研究者、专业人员及残障社会活动家(disabled activists)之间几乎没有争议。

个体功能障碍和残障歧视这两种经历在先天性耳聋者、后天性耳聋者以及其他损伤者之间是共有的。先天性耳聋使人无法倾听和学习另一种语言。而这种听不见的经历也同样发生在后天性耳聋者身上,尽管后者在失去听力前曾学习过口语和听觉文化。后天性耳聋者既不是文化意义上的聋人(Deaf),又为健听社群所排斥,而且,他们也不是先天性耳聋者群体的成员。因此,无论先天性还是后天性耳聋,都会引起个体功能限制,而这种限制并不仅仅局限于人际交往的范畴,如听不到危险的逼近。

第五节　损伤分类

社会工作者及其他许多官员和研究者常常问残障者这样一个问

题:"你的残障是什么?"他们期望的是,残障者能够回答出其医学症状的名称。因此,针对"你的残障是什么?"这个提问的回答可能是某种疾病的名称,例如糖尿病、脑瘫、脑损伤或者某种极为罕见的症状。这种根据医学诊断出的症状(在某些个案中也许没有得出任何诊断结果),有可能产生多种损伤后果,而这些损伤后果是无法单从某个疾病名称中呈现出来的。

损伤的**原因**可能并非清晰明了,而且它可能是一种存在于个体、社会和结构性因素之间的相互作用(Thompson, 2001)。这些不同层面的相互作用,例如,在社会层面上政策可能恰好使得地方的国民医疗保健服务(National Health Service/NHS)短缺,导致低劣的生育服务,进而使新生儿出生时患脑瘫的可能性增加。损伤原因的知识对预防、健康促进和公共卫生有所助益,但也有可能被寻求为削减医疗保健服务作辩护的政客所利用,他们将健康不良归咎于个体责任。当人们已经具有损伤或长期疾病时,他们损伤原因的信息对社会工作者就不太有用了。但是,了解损伤的**类型**可以带来多一点有用的讯息。如果人们能了解一个人的损伤类型,就可以得到这一个体可能有的、由损伤后果所引起的功能限制究竟如何的蛛丝马迹。这也为我们理解那些能够引起歧视和排斥的致残的社会障碍打下基础。由损伤或**损伤后果**直接造成的功能限制可以分类如下:

- 肢体损伤(包括非外显症状,如癫痫;或与消化功能、体能有关的症状;以及长期的并使寿命受限的症状)
- 视力损伤
- 耳聋,听力损伤
- 精神苦恼
- 学习困难(包括特定学习困难,如阅读障碍;以及神经多样性,如阿斯伯格综合征)

某些症状会引起不止一种的功能限制,例如糖尿病可能引发肢体和视力损伤,脑损伤可能造成肢体、感官或行为损伤结果。

第六节　残障预防

我们之所以要深入地思考损伤以及残障的原因,一个主要理由是因为它能够提高预防的可能性。如同阿尔布雷克特和利维(Albrecht and Levy, 1981: 26-7)指出:

> 造成当代死亡率与患病率的主要原因包括心脏病、癌症、中风、糖尿病和突发事件,它们可以通过改善外界环境和生活方式得到部分预防……如果那些可预防的诱发事件能够被消除的话,残障以及康复支出就能得到部分控制。因此,为了避免将责任推诿给受害者,预防的努力应当把重点放在企业和政府部门改善致人残障的行为上,而非仅仅归罪于已经残障的那个人。

但是,医疗专业中所用的"预防"这个概念不完全等同于社会工作者所使用的"预防"。伦纳德(Leonard, 1966)试图区分出干预的三个层次,分别命名为一级、二级和三级。他认为一级干预(primary intervention)的目标是预防特定事件的诱发因素;二级干预(secondary intervention)的目标是预防事件发生当下的即时效应;三级干预(tertiary intervention)的目标则是预防这些事件产生的长远影响。

基于这个观点可以推断,医务人员和健康教育者在一级干预中担负着较大职责,即,他们要减少新生儿中带有损伤的人数、提供预防工伤事故的资讯等。二级干预,即,减少损伤施加在个体身上的种种限制,这是康复或复能(re-enablement)人员的责任。三级干预是指,减少社会施加给损伤者的限制,这成为残障人士社会工作任务中的一大部分。但是,伦纳德给出的在机构内照顾的案例,明显地就不属于预防,而是社会施加给损伤者的一个致残性的反应,因此,究竟什么是预防,这和分析残障问题时所采取的视角有关。

从个体模式视角看，社会工作大概已经参与到一级干预和二级干预之中了，例如为处在孕期的案主提供产前建议，或是通过与个人、家庭和社区的工作，提升总体福祉。但在伦纳德看来，这些工作存在一些问题。只有用个体模式分析、采纳优生学中的"正常"(normality)观念时，我们才会把诸如针对缺陷胎儿的堕胎视作预防残障。在社会模式视角看来，残障应当归因于社会对待新生儿的反应。就如多纳·艾弗里(Dona Avery, 1987)描述医院员工希望她遵循库柏勒—罗丝模型(Kubler-Ross model)中的五个阶段[即否认(Denial)、愤怒(Anger)、商榷(Bargaining)、沮丧(Depression)和接受(Acceptance)]时所说：

> 我已经走到第五个阶段，但那不是"接受"或"对治愈的希望"。我意识到，是社会而不是我孕育了那个未出生的完美孩子。而赋予我的这个真实的孩子是完美无瑕的。

同样，尽管着眼于个体功能的复能服务组织在功能性语境下被视为有益的，但我们还可以通过一种完全不同的方式来观察它们：

> 我们首先注意到残障者面临着超乎想象的社会、经济、居住条件以及环境上的困难，然后人们给予前者一个零敲碎打的福利体系，这其中，专业人员及服务要帮助残障者调整自身以应对那些他们无法接受的境遇。(Brechin and Liddiard, 1981: 2)

当前涉入第三级干预的社会工作所使用的也是残障个体模式，而在这一层次的介入，也为我们把工作转换到残障社会模式里面提供了一个最好的出发点。

第七节　损伤与残障

截至目前，本章已经阐明了承认损伤对人们生活造成的影响十分重要。即使移除掉所有的致残性社会障碍,损伤和损伤后果依然会存在;另一方面,尽管存在不少致残的社会障碍,但是,官方对残障的理解仍然局限于把残障归因于损伤的模式。这个现象发生的过程将在本章余下的内容中,通过观察那些应用于社会政策及实践中的官方统计资料进行说明。

第八节　残障调查的需要

好的社会工作实践及理论要求有精准的信息,而这个信息的关键部分必须来自针对现况的统计证据。有关损伤者人数总量、损伤原因、损伤类型及等级的数据收集和信息生成,为社会政策提供了循证基础,也对社会工作者的工作方式产生了影响。政策制定者和社会工作者同样也需要知道,有多少人由于社会的、经济的、政治的致残障碍而经历了排斥和歧视。

统计学家和研究者常常相信,他们是在用客观的方式、使用那些人们认可的方法;研究的承担者、政策制定者以及更广泛的人群都持有着对统计客观性的信念。然而历史上,妇女们已经证明统计曾出自男性视角;黑人和少数族裔也揭露出那些源于白人视角下的带有偏见的研究。同样,从问题到答案的汇总及分析都是建构在一种非残障视角下,这种数据和统计势必会产生带有偏见的结果。统计学家和研究者们有着非常明确的观念,即,他们同其他人一样,服从于关于残障的集体社会意识和文化解读。

基于这些观念提炼出的理论至少在两个方式上可能是一种自我应验(self-fulfilling)。在方法论层面,研究者把对残障的调适作为一种问题,这在某种意义上,对研究者作了自我限定,研究者接着提出了和这个问题有关的设问并得到答案,接着就把这当作研究结果和真实的社会事实。在残障者对这一模式提出质疑之前，如果有，也是极少量研究是从假设残障不是个体问题开始的。第二种方式中，这些理论因为它们可能真的创造出他们意欲解读的现实，而可能自我应验了。

一、研究与个体模式

研究所发现和描述的心理机制以及心理过程，本身就是研究活动的产物，它们既是研究方法论倾向的结果，而且当这些心理机制和过程的知识传播给专业人员时，后者就把这种对现实的界定强加到他们的案主身上。特里斯曼（Trieschmann, 1980: 47）捕捉到了这一现象，他在提及脊髓损伤时问道：

> 过去，专业人员描述的现象现在并不存在吗？在临床互动上，专业人员使残障者陷入了"两难"（Catch-22）①境地吗？如果你有残障，你一定会有心理问题；如果你坚称自己没有心理问题，这是在否认，这一否认本身就是一个心理问题。正因为如此，心理学家、精神科医生、社会工作者和康复顾问们都失去了……脊椎损伤者的信任，这不是理所应当吗？

使残障的个体化解释得以固化的一个主要媒介，就是官方统计；因为，这里蕴含的假设是，统计是客观的，它也假设了统计能够对现状进行精确的描绘。然而，研究者和统计学家同其他人一样，随着残障个体角度的解读而臣服于这种主流文化了。

---

① Catch-22 出自美国作家约瑟夫·海勒（Joseph Heeler）于 1961 年出版的同名小说。该短语现已成为英语常用词之一，指存在两种同样不受欢迎的选择的境地，形容一种不合逻辑的、不合理的或荒谬的处境。此脚注系据韦氏词典（Merriam-Webster）"catch-22"词条的释义归纳而成，网址：http://www.merriam-webster.com/dictionary/catch%2022，最后访问日期：2014 年 8 月 26 日。——译者注

第九节　残障的功能性定义/残障研究

一、登记

人们试图弄清残障者人数的做法，体现出了个体模式取向的长期隐患。立法上的措施，诸如已废止的 1944 年《残障者（就业）法案》[Disabled Persons(Employment)Act, 1944]和 1948 年《国家救助法案》(National Assistance Act, 1948)，这些法案里要求残障者进行登记(的规定)被保留了下来，不过登记仅仅针对那些在就业市场或在接受服务时同意登记的人。看起来，登记人数只甄别出了残障人数的三分之一，而且对改善残障者的状况没什么贡献。另外，登记机制隐含的假设是把问题归因于个体，而和残障人士所处的物理环境和社会环境无关，因此也就不用考虑那些致残方式了。就这样，服务针对的是个体限制问题，而不是缓解这些环境的限制性影响。社会服务部门和社会工作者可能把登记看成一个十分关键的问题，但实际上他们却是在错误的方面花费了气力。从残障社会模式视角看，所有的残障者都要经过鉴别才能满足其需要的这个假设本身就是错误的。

第十节　全国性调查

当年，人口普查和统计局（Office of Population Censuses and Surveys/OPCS）实施了它的第一个重要研究项目(Buckle, 1971; Harris, 1971)，它调查了将近 25 万个家庭户(households)。1986 年，统计局在改变了一些方法后，再次实施了这项调查(Martin *et al.*, 1988)，后一次

调查了 10 万个私人家庭户和数量未公开的公共机构（communal estab-lishments）①。从那以后，绝大多数的全国调查，都会包含一些试图辨识出残障人士的问题。

第十一节　问卷设计中的残障定义

人们不应该低估定义的重要性。哈瑞斯（1971）的研究为后来关于残障的思考打下了基础，并且在服务的规划与发展中发挥了重要作用。但是，哈瑞斯的数据在引入新津贴的成本估算上并不可靠，同时也非总能与政府为其他目的收集到的数据相吻合。耶尼希（Jaehnig，引自 Boswell and Wingrove, 1974: 449）指出在引入护理津贴（attendance allowance）时，据哈瑞斯调查的估算，大约 25 000 人有资格享受此项津贴。但是，仅仅在这项津贴实施的第一个年头，成功申领者就超过了 72 000 人。托普利斯（Topliss, 1979: 48）认为，这个矛盾"毫无疑问是由于使用了不同的残障定义（造成的）"，因为很多几乎没有或者只有很少功能限制的人，在就业方面却面临着严重的障碍。

从早期开始，人们就对功能性定义有诸多批评，芬克尔斯坦提出这些定义把残障的原因归结于个人层面，但：

> 现在，另一看待这个问题的替代性观点是说，残障的起因与个人生理缺陷一点关系也没有，而是与涉及特定物质状况的社会组织的形式有关。（Finkelstein, 1972: 8）

尽管人们对哈瑞斯的研究有着非常现实而又重要的批判，但是他

---

① 根据 2011 年英国人口普查（United Kingdom Census 2011）的操作说明，公共机构包括：寄宿学校、监狱、军事机构、医院、照顾之家、学生宿舍、酒店、皇家居室和大使馆等。网址：hhttp://www.absoluteastronomy.com/topics/United_Kingdom_Census_2011，最后访问日期：2014 年 8 月 26 日。——译者注

的那些研究至少尝试性地以连贯且系统的方式给出了残障的问题范围。

1980 年世界卫生组织（World Health Organization/WHO）出版了《国际残损、残疾和残障分类》①（International Classification of Impairments, Disabilities and Handicaps/ICIDH）。这一分类被公认为这个领域里最全面的一本目录大全，发达国家和发展中国家中都把它当作残障项目的基础。《国际残损、残疾和残障分类》（ICIDH）用的是残障个体模式，这也形成了它那功能性评估的构思。许多研究都使用了那些功能性评估的观点。尽管人口普查和统计局（OPCS）的研究在界定有关概念的措辞上作了一些改动，但它主要还是以《国际残损、残疾和残障分类》中的定义为基础的（Martin *et al.*, 1988: 7）：

　　● **残损**（impairment）：心理上、生理上或解剖上的结构或功能的不同程度的丧失或异常。②

　　● **残疾**（disability）：（因残损而导致）能力（ability）受限（restriction）或缺失，以致无法以公认的正常人方式或在正常人能力范围内实施某种行为。③

　　● **残障**（handicap）：由于残损或残疾而导致的个人在社会生活上的障碍，这种障碍限制了或妨碍了个人在社会上按其年龄、性

---

①　该译名为世界卫生组织官方译名，参见邱卓英博士在《〈国际功能、残疾和健康分类〉研究总论》一文中的论述。网址：http://temp.cdpj.cn/dlzt/2005 - 02/22/content_3488. htm，最后访问日期：2014 年 8 月 28 日。译名中将"disability"翻作"残疾"，请注意。——译者注

②　此定义与《国际残损、残疾和残障分类》中的表述一致，故在此使用了后者的官方中文版定义。参见邱卓英、卓大宏、王亚玲：第六章"国际功能、残疾和健康分类"，载于卓大宏主编：《中国康复医学》（第二版），华夏出版社 2003 年版，第 57 页。——译者注

③　此定义与《国际残损、残疾和残障分类》中的表述略有不同，后者将"残疾"定义为"由于损害（损伤、缺陷）而造成的活动能力（fuctional ability and activity）受限（reduction）或缺失，以致不能按人类正常的模式或范围进行活动。"参见邱卓英、卓大宏、王亚玲：第六章"国际功能、残疾和健康分类"，载于卓大宏主编：《中国康复医学》（第二版），华夏出版社2003 年版。——译者注

别和社会及文化背景而应发挥的作用。①

在这个模式中,**残损**是人体中异常的那个部分或系统,**残疾**是由残损造成的某种能力丧失(由于他们身体或心理上的异常),**残障**则是指人们因为残损或残疾而处于劣势。因此,这个模式中的残疾和残障都是由残损所引起。②

各类残障人士组织(Disabled People's Organisations)长期要求在界定其成员所面临的问题时的权利。残疾人国际(Disabled People's International)③这一由来自50多个国家的残障人士组成的代表大会,在它创建的会议上就以《国际残损、残疾和残障分类》(ICIDH)和医疗及个体残障定义关联过密为由拒绝接受它。正如巴恩斯认为的,这不仅仅是一个准确性问题(Barnes, 1991: 25):

> 这个取向在残障者和社会之间造成人为的差异和藩篱,往好里说,是延续了无知和误解,往坏里说,是滋养并维系了过去那种恐惧和偏见。

伯里(Bury, 1996)指出,虽然《国际残损、残疾和残障分类》促进了对于残障影响的识别,但并没有带来任何更大的经济补偿,也没有吸纳残障者的观点。

---

① 此定义与《国际残损、残疾和残障分类》中的表述基本一致,故在此借鉴了后者的官方中文版定义。参见邱卓英、卓大宏、王亚玲:第六章"国际功能、残疾和健康分类",载于卓大宏主编:《中国康复医学》(第二版),华夏出版社2003年版,第57页。需要注意的是,在此定义中"这种障碍限制了或妨碍了个人……的能力",而在《国际残损、残疾和残障分类》中则添加了"正常"(normal)一词,即"这种障碍限制了或妨碍了个人……的正常能力"。——译者注

② 这段的关键词 impairment、disability 和 handicap 依照的是上注翻译用法,实际上,handicap 在西方残障界是个历史上有贬损意味的词汇,现几乎已绝迹于学术研究和政策文件中了,而其含义在英国残障社会模式中也由 disability 代表了,即社会障碍了残障者,而非残障者自己的损伤障碍了他或她自己。——二校注

③ 该译名引自李建军、桑德春编著:《康复医学导论》(第二版),华夏出版社2012年版,第142页。该机构网址:http://www.dpi.org/,最后访问日期:2014年8月25日。译名中将"disabled people"翻作"残疾人",请注意。——译者注

　　《国际残损、残疾和残障分类》(ICIDH)作为残障人士的分类工具是不成功的,而且,几乎没有什么研究意在恰当地使用这一分类。即使是联合国(Despouy,1993)也没有使用它。结果,世界卫生组织(WHO)寻求修订整个框架,并试图增加第四个维度,即环境维度。这就产生了2001年世界卫生大会通过的《国际功能、残疾和健康分类》①(International Classification of Functioning, Disability and Health/ICF)。

　　世界卫生组织(WHO)试图通过《国际功能、残疾和健康分类》建立一种生物社会心理模式(bio-psychosocial model),他们认为这一模式应当纳入残障社会模式和残障个体模式各自的长处。此外,他们还试图终结那种由于两种独立的分类系统所造成的疾病与残障间的差别(世界卫生组织,2002)。尽管《国际功能、残疾和健康分类》已明确地包括了环境(因素),但在基本的方法论取向上仍然是:假设不论是各个层级的组成部分,还是层级间的复杂关系,都可以简化成数字。因此,个体取向所建立的科学理性基础在(新的分类)方案中依旧没有改变。《国际功能、残疾和健康分类》比它之前的分类会更加难于实施。尽管,《国际功能、残疾和健康分类》或许能为科研、社会科学家和医学工作者提供更多工作(机会),但它在改善残障者生活方面所作的贡献,没比《国际残损、残疾和残障分类》多多少。

　　有人认为在许多医学领域采纳生物社会心理模式,是一种对健康和残障更为全面的做法。然而,罗伯茨(Roberts,1994)却认为这一模式颠覆了整体的流程,因为它始于一个割裂为生理、心理和社会等各个部分的人,它是把各个部分逐一检验再组合起来,而不是从一个完整的人开始。罗伯茨(1994:365)强调,"生物社会心理模式不是整体论的别名;它是对整体论的悖离,它对(康复机构的)物理治疗师们充满吸

---

　　① 文件译名引自世界卫生组织、世界银行:《世界残疾报告(概要)》,2011年,第7页,网络链接见:http://www.who.int/entity/disabilities/world_report/2011/summary_ch.pdf,最后访问日期:2014年8月15日。译名中将"disability"翻作"残疾",请注意。——译者注

引力,因为它没有威胁到医疗模式思想。"

如果到了 2010 年,过去所犯下的错误和残障者的提议能够使问卷设计产生巨大的改进,那会是很让人欣慰的。但是,非常遗憾,直到最近,各种工作仍然锁定在一种可简化为损伤的概念上。**《世界卫生组织残疾评定量表 2.0》**(*WHODAS 2.0*)①试图用生物社会心理模式测量损伤与环境之间的互动。许多人认为这个模式是解决在残障个体模式和残障社会模式间抉择时的两难处境的一种方法。世界卫生组织把《世界卫生组织残疾评定量表 2.0》作为评定功能等级和残障等级的工具,而这个功能和残障正是由《国际功能、残疾和健康分类》所界定的。人们仍然认为残障是一个健康问题而非社会排斥问题:

> 《国际功能、残疾和健康分类》把残障解释为发生在特定情境中的一种关于健康的体验,而不是一种单纯属于个人的问题。根据嵌入在《国际功能、残疾和健康分类》中的生物社会心理模式,残障和功能是健康状况(疾病,失调或损伤)与环境因素之间互动的结果。(Üstün *et al.*, 2010: 33)

但实际上,研究者排除了环境问题。《世界卫生组织残疾评定量表》(WHODAS)问卷(Üstün *et al.*, 2010):

> 被设计用来评估个体所经历的行动上和参与上的限制,不论其医疗诊断如何(第 6 页)。

> 《世界卫生组织残疾评定量表 2.0》(世界卫生组织,2010)目前并未评估环境因素。尽管对调查对象功能的评估包括调查其目前所处的环境,但是它的编码是基于功能和残障,而非环境。(第 33 页)

---

① 全称为 WHO Disability Assessment Schedule 2.0,中文译名为《世界卫生组织残疾评定量表 2.0》。译名引自 WHODAS 2.0 中文版,网络链接见:http://www.who.int/classifica-tions/icf/whodasii/en/,最后访问日期:2014 年 8 月 15 日。译名中将"disability"翻作"残疾",请注意。——译者注

由此可见,尽管,世界卫生组织承认了损伤和长期健康不良能够引起功能限制,但是,他们却将这些限制称为残障,并把社会加诸其上的进一步限制的形式看成是次要的。个体残障者是和非残障者作比较,而不是在不同环境下比较他们的处境。世界卫生组织没有考虑到的是:同一个人在包容性的环境中可能功能发挥良好,而当其在另一个处境里,可能由于各种致残的社会障碍而变得残障了。这表现在《世界卫生组织残疾评定量表 2.0》(Üstün *et al.*, 2010: 79-80)所使用的术语表中:

残疾(Disability)[①]

一种涵盖损伤、活动受限和参与限制的概括性术语。它是指(有某些健康状况)的个体与个人因素和环境因素之间互动作用的消极方面。[②]

健康状况(Health condition)

一种短期或持久性的疾病;一种损伤(例如遭遇一场意外事故);心理或情绪问题,可以分作由日常生活问题导致的压力,以及更为严重的心理疾病;由酒精、毒品造成的问题。

损伤(Impairment)

身体结构、身体功能(包括心理功能)的丧失或异常。"异常"在这里纯粹指代偏离已有统计基准的显著性差异(即与已测量到标准的总体均值发生偏差),并且它也只能用在这层意义上。损伤的例子包括失去一个手臂、一条腿或视力。以脊椎受伤为例,损伤可以是由其导致的瘫痪。

---

①　此处根据 WHODAS2.0 中文版中将"disability"译作"残疾",网络链接见:http://www.who.int/classifications/icf/whodasii/en/,最后访问日期:2014 年 8 月 15 日,请注意。——译者注

②　本段翻译直接采用了世界卫生组织、世界银行《世界残疾报告(概要)》中第 7 页对"残疾"的中文版定义,网络链接见:http://www.who.int/entity/disabilities/world_report/2011/summary_ch.pdf,最后访问日期:2014 年 8 月 15 日。——译者注

参与(**Participation**)

一个人参与到某个生活情境中。表现出了功能的社会性角度。

参与限制(**Participation restrictions**)

一个人在参与某个生活情境时可能遭遇的问题。这以一个人的参与和在那个文化及社会中期待一个非残障者的参与的比较而定。

上述这些新的尝试并未承认或处理那些使损伤者残障的政治和经济因素,因此,它们也就不可能为包容性政策的制定提供充分的资料了。

一、成年残障者调查中的问题

使用残障的哪种模式或定义将会决定在调查中询问哪些问题。残障社会模式的观点是,因果关系始于主流社会压迫和排斥损伤者的种种方式。这种压迫的部分体现于强加一种残障理解,而这一残障理解来源于个体损伤以及损伤后果。这个定义意味着问题的设计,将导致答案集中在损伤和损伤后果方面。这也就无法提供对有关社会所致局限的回应了。相应地,这也意味着为政策制定者和实践操作者所作的那些分析和信息将会保留个体模式。

1971年在哈瑞斯的研究中,对"残障"(handicap)程度的测量是基于与人们自我照顾能力有关的一系列问题。每个问题的答案都根据行为控制是否没有困难、有困难或只能依赖帮助而划分为三个等级。人们认为这些功能性行为中的一些行为,要比其他方面更重要点,相应地,那些也得到了更高的权重。这些更重要的事项包括:

(a)进入厕所并使用它

(b)进食和饮水

(c)系上纽扣并拉上拉链

从1986年调查的面对面访谈问题中可以发现类似的偏见(Martin

et al., 1988）：

- 什么毛病使你在拿、握或旋转物体时遇到困难？
- 你主要是因为听力问题而在理解他人时遇到困难吗？
- 你是否有某种限制了你的日常活动的疤痕、缺陷或畸形？
- 你是否因为长期健康问题或残障而上了特殊学校？
- 你的健康问题/残障是否意味着你需要和亲属或其他能够照顾你的人一起生活？

奥利弗（Oliver, 1990: 7）指出：这些问题存有偏见，并会导致个体模式的回答。使用残障社会模式改变这些问题相当容易。奥利弗（1990）提出了一些替代性问题：

- 罐子、瓶子或罐头等日常设备在设计上存在哪些缺点，让你在拿、握或旋转它们时感到困难？
- 你主要是因为其他人没有与你沟通的能力，而遇到理解他们的困难吗？
- 是不是其他人对你可能有的某个疤痕、缺陷或畸形的反应，限制了你的日常活动？
- 你就读于特殊学校是不是因为，教育部门所采取的政策将和你有同样健康问题或残障的人送到了这类机构呢？
- 是不是因为社区服务太差以致你需要依赖亲属或其他人为你提供恰当的个人帮助？

伯里（1996）批评了奥利弗对人口普查和统计局（OPCS）调查的上述回应，并且指出，这些调查在强调关节炎、听力丧失等慢性疾病作为损伤的主要原因上具有积极作用。他认为这类调查不仅有利于解释残障在老年群体中的高度流行，还有利于解释性别差异，他进一步提出道：

无论影响福利运营，特别是社会保障方向的努力如何地言之有据，在当代社会人口中的残障状况毫无疑问地暴露出其健康和疾病的维度。因此,从日常生活经验的视角看,健康和福利需要的不同方面可能是相关的。此外,对在残损、残疾和残障①这个连续体上不同形式的干预而言,这些维度都是有影响的。(Bury, 1996: 22)

知晓多少人具有损伤及损伤的类型或许是有价值的,但却是远远不够的,因为,这既不能为理解损伤者所承受的不平等提供所需信息,也不能做些什么以改善他们的处境:

质量低劣的测量和缺乏透明度,导致社会和政府无法解决长期存在的不平等现象以及引起不平等的原因。有关不平等的可得的数据在许多方面是完全不充分的,它限制了人们了解问题及其成因、设置优先级别并追踪进度的能力。即便(那些充分的)数据真实存在,人们也没有一贯且较好地使用它们,或是以合理的方式发布它们。(Philips, 2007: 9)

平等审查报告也注意到了发现统计中的不平等的重要性了:"测量不平等现象,对于指出不平等和不公平可能发生在何处是根本性的"(Philips, 2007: 19)。

国家统计局(Office for National Statistics)已经意识到面对残障问题需要有一个一致的取向,并试图设计一套协调一致的调查问题。然而遗憾的是,因为新的调查问题仍然沿用残障个体模式定义,对于如何测量残障者面临的不平等缺乏理解的现象,已经变得根深蒂固了。2011年全国人口普查中,个体模式再次得到了具体化,而那次普查是政策制定者了解整个国家、地方行政和卫生行政区域人口情况的主要工具。人口普查的统计是十年一次,但是每十年的普查问卷都混淆了健康、疾病和残障。2011年人口普查仍然没有把握住这次的修正机

---

① 伯里作为医学社会学家,使用的表达遵从的是世界卫生组织,所以此处的翻译也遵照了世界卫生组织分类的用法。——二校注

会,它设有健康这一小节,并在这个小节里统计残障人士。健康部分的问题是为了识别那些有急性或长期性健康问题的人,而不应该用来识别那些健康的损伤者。这种普遍的混乱可能会使得一些残障者认为自己的身体是不健康的:

一般来说,你的健康情况如何?

- 非常好

- 好

- 一般

- 不好

- 非常不好

下一个问题使用了和之前一样的个体的、功能性的残障定义;在提及损伤时用的是残障这个词汇,并且问题假设个人损伤导致其在日常活动中受到限制:

长期疾病或残障

你的日常活动因为某个健康问题或残障而受到限制了吗,并且这个状况已经持续发生或预计将要持续、历时不低于 12 个月。包括与年龄有关的状况。

- 是,受到许多限制

- 是,受到少许限制

- 不是

下面这是在人口普查中第二次设置了识别照顾者(carers)的问题,但残障这个词语再次在应当使用损伤时被误用了。这个问题假定单就健康不良或损伤而言,不涉及障碍以及缺乏其他支持时,才是一个人需要他人帮助或支持的原因。

你是否出于下列任一原因为家庭成员、朋友、邻里或其他人提供照顾、给予任何帮助或支持?

- 长期的肢体或精神健康不良/残障?

- 与年老有关的状况

不要把你有薪水的雇佣劳动计算在内

- 没有
- 是,每周 1—19 个小时
- 是,每周 20—49 个小时
- 是,每周 50 个小时或更多

因此,最新的这批统计资料并不能帮助我们转变想法,理解损伤者是由于社会性障碍而变得残障了。

目前,我们所能拥有的最好信息,都是基于个体模式及对健康不良、损伤和残障的混淆。残障事务办公室(Office for Disability Issues,2010)使用家庭资源调查的数据发表过一些基础统计资料,可以用来作为一般性指导。这些数据显示出英国有超过 1 080 万残障者,其中510 万人超过了领取养老金年龄,另外还有 70 万名儿童。这些人所具有的功能限制经常不止一种,统计数据显示这其中 640 万人具有行动能力损伤,600 万人在举起和搬运物品上具有困难,240 万人具有肢体协调问题,200 万人存在沟通问题。

我们从这些统计中并不清楚多少人有感官损伤(包括先天性失聪者、后天性失聪者或视觉损伤者),他们更有可能被归为"其他"类中了。

在后面的章节里还将介绍其他一些统计,我们应铭记于心的是这些统计的背后其实是一种个体模式的诠释。

本章小结

- 在使用残障社会模式时,社会工作者也必须意识到个体功能限制和损伤后果。

● 社会工作者需要认识到那些具有个体功能限制及损伤后果的人所面临的社会性的致残障碍。

● 这里存在着一个潜在的陷阱,即,在把损伤当作残障的原因时没有考虑到社会性的致残障碍。

● 社会工作的任务是:(1)识别出在一种补救观念下,残障施加于损伤者的各种方式;(2)提供一种灵活和可及的服务以满足个体可能出现的需要。

● 甄别这些需要的可能范围是规划者和政策制定者的任务,而非社会工作者的任务。

● 中央政府按人头向地方政府拨付资金,但是,地方政府应当提出这种运行方式是不适宜的,并且要探索出评估和满足需要的替代方案。

● 社会工作者对有关残障者生活的官方研究所产生的影响应当抱有警觉。

● 看看研究在社会工作中如何被操作化,对于检验(其影响)是很有帮助的。

● 研究不应只是数人头,同时也是在为满足需要预作安排。

思考要点

练习 1

先天性聋人社群(Deaf community)主张:先天性聋人常常视自己为小语种少数派,而没有把自己当作残障者或损伤者。但健听群体通常会认为前者是在否定一种显而易见的损伤。

分小组进行讨论,尤其要询问自己,为了接受这种自我定义,你应当改变哪些个人的或专业的信念?

一旦接受了这种自我定义,社会工作者面对先天性聋人的工作取向将发生怎样的转变?

练习2

为一个研究访谈设计两组问题,每组各五道题,其中一组使用残障个体模式,另一组使用残障社会模式。思考这两组问题的回答将会如何不同,以及由此得到的发现将会如何影响其建议。

扩展资源

Illich, I. (1975) *Medical Nemesis*: *The Expropriation of Health* (London, Marion Boyars).《医疗报应:健康遭剥削》。

Thomas, C. (2007) *Sociologies of Disability and Illness-Contested Ideas in Disability Studies and Medical Sociology*(Basingstoke, Palgrave Macmillan).《残障与疾病的社会学:残障研究与医学社会学中的争论》。

发现新英国(Breakthrough UK)是一个开展社会模式研究和咨询(以及其他业务)的残障者组织:www.breakthrough-uk.co.uk/。

兰卡斯特大学残障研究中心(Centre for Disability Research, Lancaster University)从2003年起举办残障研究国际会议,许多现存文献都可以在如下网址上查询:www.lancs.ac.uk/cedr。

残障研究档案馆(Disability Studies Archive)收藏了许多在别处不易获取的论文,并不断扩充其收藏量:www.leeds.ac.uk/disability-studies/archiveuk/index.html。

残障事务办公室(Office for Disability Issues)是一个跨政府部门办公室,除其他职能之外,还开展一些有关残障者以及个体疾病的统计研究:http://odi.dwp.gov.uk/disability-statistics-and-research/disability-facts-and-figures.ph。

第三章　人际关系和家庭

第一节　家庭和家庭户[①]

在考虑残障对家庭生活的影响时,残障社会模式能提供一个实用和敏锐的视角。前面章节中介绍的"残障关系"三种形式在这里同样重要。首先,一个有损伤的人可能因为家庭对待他或她的方式而变得残障了。如,一位后天有损伤的家庭成员,可能对这个家庭的结构及稳定性产生不利影响;或者第二种情况,一个婴儿带着损伤出生,也可能会对家庭结构和稳定性产生不利影响。然而,在某些情境下,这类事件是能增强而非削弱家庭的纽带,注意到这一点很重要(Clarke and McKay,2008)。最后,是社会如何对待家庭的问题,即把社会政策提供给那些有残障成员的家庭。本章中这些主题会交织在一起,但是,我们将从考虑处于某个恰当社会情境中的家庭这个话题开始。

一、家庭结构

家庭是一种普遍的社会团体,在任何社会和任何时代中它都会以这样或那样的方式出现。英国有这样一种倾向,就是过度美化历史上的家庭生活,认为过去的家庭更有能力照顾自己的成员,尤其是照顾家

---

① 原著表述为:Families and households。

庭中的弱者,并认为他们更有能力应付困难时期。一些人认为核心家庭(nuclear family)始终是最基本的家庭单位,但另一些人则认为,没有什么证据能够证明过去的家庭更愿意并且更有能力支持其成员。如今,扩展家庭(extended family)这种居住在一起的家庭形式已经急剧减少了,那些还保留扩展家庭形式的人多数是亚裔社群(国家统计局,2001)。尽管家庭规模在过去的 100 年内已经缩小,但是,我们应当认识到当代社会有了更高的生存率,人们也活得更为长久。国家也接管了许多过去由家庭履行的职能。

2006 年,英国有 1 710 万个家庭,这和 1971 年相比增加了 200 多万个(McConnell and Wilson, 2007: 2)。但是,并非每个人都和他们的家庭(family)生活在一起。许多人是独自生活的,国家统计局(2010:15)指出:一个人的家庭户(households)数的增长从"1961 年接近 170 万个,上升到 2009 年超过 700 万个"。随着人们寿命的延长,老年人尤其是老年妇女,更有可能是独自生活了(国家统计局,2009)。

家庭的性质已经发生了重大改变,人们生活所处的状况已经说明了这一点,特别是独自生活人数的变化。因此,清楚地理解"家庭户"(household)概念显得十分重要:

> 宽泛的定义中,家庭户是指吃住在一起的人们或独自生活的人。家庭(family)则是通过婚姻、民事伴侣关系或同居、家庭户里有孩子、子女/家长关系等来定义。绝大多数家庭户中包含一个单一家庭(single family)或独居者……英国 2009 年共有 2 520 万个家庭户。(国家统计局,2010: 14)

虽然(英国)家庭的数量只是稍有增长,但家庭户数量却在大幅增加。官方统计中,家庭被包含在家庭户数内,在 1997 年和 2006 年之间:

> 家庭户数增长了 600 万个,达到 2 490 万个。越来越多的人独自生活是导致家庭户数增长的一个主要原因,这也使得家庭户的平均规模缩小了。(McConnell and Wilson, 2007: 2)

近期有关残障儿童的研究发现,一个家庭中的残障者人数往往不止一个:

> 这篇论文中一个显著的发现是,有迹象表明残障儿童和成年残障者之间存在群聚(clustering)现象。首先,与非残障儿童相比,残障儿童更有可能和具有残障的兄弟姐妹或其他残障儿童生活在一起。符合《残障歧视法案》(DDA)残障界定的儿童中,有四分之一是和一个或多个同样符合《残障歧视法案》残障定义的兄弟姐妹一起生活。英国任意家庭单元中的残障儿童数量信息至今还不清楚。(Blackburn *et al.*, 2010: 11)

今天,尽管结婚人数在下降,但选择同居的伴侣越来越多(McConnell and Wilson, 2007),然而,和非残障者相比,残障者在结婚或同居上都更为困难:

> 越来越明确的是,与非残障者相比,残障者结婚的可能性较小,更有可能持续单身……因此,在结婚率上的巨大差异反映出两种截然不同的模式:第一,在残障者内部,结婚的可能性较低;第二,在已婚的残障者中将要分居甚或离婚的可能性较高(Clarke[1] and McKay, 2008: 42)。

最近,随着法律对同性伴侣和民事伴侣关系的认可,为登记他(她)们的关系提供了一种新方式。(这一政策)开放登记后一个早期的高峰反映出,那些人是多么渴望这项法律。目前,人们尚不可知这对残障女同性恋或残障男同性恋会有什么影响:"2008 年,英国共有7 169 对民事伴侣进行了登记,比起 2007 年下降了 18%"(全国统计局,2010: 22)。

根据克拉克和麦凯(Clarke[2] and McKay, 2008: 37)所做的统计,残

---

① 英文原著中作者把 Clarke 写作了 Clark,应为笔误。——译者注
② 英文原著中作者把 Clarke 写作了 Clark,应为笔误。——译者注

障者建立伴侣关系的可能性低于非残障者：

具有限制性长期疾病（Limiting Long Term Illness/LLTI）或健康问题的人总是伴随着：

- 这些人保持单身的比例较高；以及
- 这些人正处于第一次婚姻关系或曾经结过婚的比例较低，同居的比例还要略低些。

残障者与非残障者在人口特征上的差异，导致了他们在结婚率上的悬殊：

- 残障者处于离婚或分居状态的比例较高；
- 经历丧亲之痛的比例较高。

同居在年纪较轻的成年人之间较为普遍，但克拉克和麦凯（2008：40）再一次指出，这种情况在残障群体中会有所不同："当控制住年龄变量，残障者同居的可能性较低，同样的，他们结婚的可能性也偏低。"

根据莫里斯（1989）对有脊椎损伤女性的研究，102 名受伤时已经结婚的人中，后来有 17 人离婚了。一些人将这归咎于个体对于损伤的反应，但社会期望也同样起着作用：

萨曼莎（Samantha）把她的离婚部分归咎于她的会诊医生，这个医生告诉她的丈夫 "75% 的婚姻会完蛋"，还告诉他要丢掉双人床。"我相信这个说法影响了他，让他没有给我们的私生活一次机会。在我回家 15 个月后，他离开了。"（Morris, 1989: 83）

克拉克和麦凯（2008）在回顾文献时发现，损伤发生时已经结婚的人和结婚时已经具有某种损伤的人，二者之间存在着差异，其中前者的婚姻更有可能失败。残障与其他形式的社会不利状况相互关联，使得很难对其因果关系得出有力的结论：

从表面上看，损伤可能是导致家庭状态发生变化的一个重要原因，也可能是这些改变的一个结果，尤其是在结束一段充满压力体验的长期关系时。还可能有一些重要的"干扰"变量可以说明某些差异性。通常情况下,残障者比非残障者更为贫困,而一般来讲贫困者结婚的可能性又较低。因此,看似是残障的影响,或至少与残障有关的现象,却能部分或完全地用其他变量来作解释。所谓其他变量,可以包括收入减少或被迫离开劳动力市场。(Clarke[1] and McKay, 2008:44)

对残障者而言,有多种原因可以导致其关系的破裂,其中一些可能与损伤或残障完全无关。但是,面对残障歧视的压力、无法得到合适的支助都有可能对这一关系造成额外负担,如果没有这些因素,这一关系是有可能幸存下来的。

在某些情况下,独自生活可能是一种发自内心的选择,但是,我们应当把人们遭遇的各类障碍作为问题提出来,正是这些障碍致使残障者比非残障者更有可能独自生活。

二、家庭照顾者

家庭里有一位残障者时,整个家庭都会受到影响。人们在考虑残障对家庭内部的影响时,就必须既要看到残障对个体家庭成员的影响,也要兼顾残障对于家庭生活所施加的来自外部的经济压力和社会压力。与没有残障成员的家庭相比,有残障成员的家庭更有可能生活在较差的住房中,处境贫困,并且缺乏来自社会的情感支持。残障事务办公室(2010:来自网络)指出:"生活在至少有一位残障成员的家庭中的儿童,有29%的处于贫困之中。这个比例明显高于家庭中没有残障成员的儿童,后者中这一比例是20%。"

贫困和社会服务支助的缺乏,不论是因为资金不足、压迫性的政策还是低劣的社会工作所造成,其后果之一就是会导致,处在任何年龄段的残障者都要依赖家庭和朋友所提供的个人协助。当家中有一名

---

① 英文原著中作者把 Clarke 写作了 Clark,应为笔误。——译者注

残障儿童,母亲就可能要承担与其子女损伤和残障相关的主要任务(Reed, 2000)。充分的社会服务支助能让残障者自己掌控他们的生活,这将有利于减少由损伤存在而引起的依赖性。我们自然可以认为,缺乏这样的服务才是导致形成依赖性人际关系的原因,而不是由于损伤。

政府统一提供了许多服务,如水和燃料供应等公共事业,或是道路养护或清理积雪等公共服务,它们用以确保非残障人口的舒适、安全和出行。残障者也能从这类服务中受益。但是,这类服务在提供上的层次的有效性,是为了保障非残障者有机会享受舒适的生活方式,这和社会承诺、以便允许残障者可以独立生活的服务是相矛盾的(Finkelstein and Stuart, 1996)。

20 世纪 90 年代,那些在家庭关系中提供个人助理(或"护理")的人获得了官方的认可。通过《**照顾者(承认与服务)法案**》[*Carers(Recognition and Services) Act, 1995*],确认(照顾者)有他们自己的需要,随之而来的是考虑给予他们应得的福利支助。初期,在这一法案上有各种各样的讨论:照顾者节省了国家的钱(Nissel and Bonnerjea, 1982);照顾任务不恰当地落到了女性身上 [平等机会委员会(Equal Opportunities Commission) , 1982];以及强调对承担这一角色的家庭缺乏支持的后果(J. Oliver, 1982)。据发现,大部分照顾者(62%)都在为肢体损伤者提供支助 [国民医疗保健服务信息中心(NHS Information Centre, 2010: 10)]。

这种依赖性人际关系中的任何一方,都有可能面临巨大压力,但是,如果解决方案不能与残障者独立生活的宗旨相一致,那就会有很多问题。对照顾者的承认,本身也是问题的一部分,因为它通过视照顾者的需要和残障者所造成的"负担"有关,强化了助人者—受助者(helper-helped)关系,而这种关系对于依赖的形成具有核心作用。因此,一些女性主义者试图减少对女性照顾者的压力(Finch, 1984),主张通过向残障者提供短期或长期的住宿式照顾服务,使照顾者得以喘息。这种处理方式明显强化了对残障者充分公民权的剥夺。

然而其他人(Croft, 1986; Morris, 1991)也提出来,当运用社会模式分析这些问题时,残障者和女性照顾者的利益是能协调一致的。用这种方法承认的不再是关系中一方,即照顾者一方所承受的过重的负担,而是促使残障者从这种关系所创造出来的依赖中得以解放的独立生活的那个主旨。卡特巴姆纳等人(Katbamna *et al.*, 2000)认为关系是复杂的,照顾者和残障者都体验到了耻辱、爱、疲惫与承诺。因此政策方案应当采取集合性取向,这一取向是基于包容而不是把残障者排除在了主流社会组织外面;换句话说,就是要移除各种致残性的社会障碍。这一取向很好地契合了家庭和家庭户正在转变功能的这一观念:

> 当存在一种家庭户变小、变单一的趋势时,相反的情形也在发生,即越来越多的人将拥有超越原有范围的责任和关系网。家庭户已经放弃了原有的经济和教育功能,现在更多的是与正式部门或非正式部门分担它的照顾职能。超越家庭户之上的关系和责任之网正在不断增长,在多数情况下,这一网络是由单一的核心家庭单位生活在一起而形成的。(Ermish and Murphy, 2006: 19)

专业人员和政策制定者经常会用"使用者和照顾者"(users and carers)这个词组,借此彰显在设计和输送社会福利中的一种平等地位。尽管这一理念值得称赞,但它也有可能存在着忽略这些群体之间潜在利益冲突的风险。一方面,照顾者没有得到优于他们所要照顾的人的地位;而在另一方面,这可能削弱了残障者的声音,阻碍了为达成社会融合所进行的奋斗。对于许多个体和家庭而言,创造出照顾者身份能够忽略人们如何生活的现实:

> 与其假设一名非残障家庭成员的陪伴创造出了照顾者与被照顾者关系,不如说应该承认存在于伴侣之间、家长和子女之间、兄弟姐妹之间等的关系。其中某些关系能够提供个人助理,某些则

不能。某些人能够帮助他们的伴侣、家长或子女独立,某些人则不能。某些关系是虐待的、剥削的,某些关系则是解放的。如果把人都归作照顾者和依赖者,人们就把这些差异给掩盖了。(Morris, 1993b: 40)

在这场辩论中,尽管社会模式的视角获得了一些认可,但它的全面意义并未在照顾者的游说中受到充分重视。巴克纳和伊安德尔(Buckner and Yeandle, 2007: 5)指出,"由于缺乏照顾服务,且这些服务层级庞大而复杂,一些照顾者是别无选择的要照顾(他人)",但他们主张的是照顾者的需要,而不是确立残障者从这种依赖关系中得到解放的权利。因此,没有迹象表明他们意识到这是创造和维持了依赖关系,残障者不大可能成为独立并富有责任的公民,也不大可能知道如何管理自己的生活。

奥尔德里奇和贝克(Aldridge and Becker, 1996)指出,尽管这(承认照顾者)可能不尽如人意,但考虑到当前这种补缺式福利体系的经济和政治现实,这一取向还是必要的。这种讨论实际上是增强了残障个体模式的不公正性,因为它承认了残障是一个福利议题而不是一个公民权议题。对于许多人而言,直到家长无法继续"照顾"时,这一点才会彰显出来,而这样的影响对于所有的相关者来说都是消极的。这种(照顾和被照顾的)对立的解决方法,几乎没有经过什么讨论。但一个运用了社会模式的小项目,将家庭照顾者和残障者聚集在一起,发展出了一种规则,即如何同时从个人层面和组织层面,协同工作于彼此认同的领域,应对探索那些存在分歧的领域(Thomas and Calrk, 2010a)。

尽管这些议题中的一部分超出了单个社会工作者的能力范围,但他们若致力于福利管理,将能够对个人和家庭带来决定性冲击。照顾者议题带给社会工作者的信息是:不要预先假设,而是要和人们一起工作,从他们对生活实际的自我认知出发。在很多至少有一位伴侣是残障者的关系中,有可能是完全不需要帮助的,例如:

我的太太忙着家庭琐事。我挣钱养家。我们拥有一些接纳了我们的朋友。我们的平房,除了它比其他房子保养得更好之外,在邻里的一片房屋中几乎不能分辨出来。我的太太帮助我穿衣。我帮助她洗澡。我们经常有性生活。我们会为了我的驾驶技术而争吵。她生活费从来都不够花。她总是缺少为特别场合准备的穿戴。实际上,所有这些都是非常正常的(normal)。(Shearer,1981b:29-30)

有观察认为,今天人们在某些婚姻中的社会性别分工没有那么明显了,这个案例似乎是个极为普通的婚姻。能在(残障者)家庭中开展工作是一种荣幸,因为它更强调敏感性和思想的开放性,胜过了像专业判断那样借助政治规范的视角去审度错综复杂的人际关系。社会工作介入时需要对一系列的个人期待有所认识,这能避免把人刻板化,社工还要意识到人们如何看待他们自己是受到残障影响的。不应当介入带有损伤可能引起人际关系问题的假设;即便出现了这种问题,也可能是来自外在因素而非源于个体损伤,这就塑造了残障过程中的另外一个方面。

第二节 人际关系

一、文化、社区、社会生活和多样性

人际关系的范围包括从熟人、朋友、家庭到亲密的个人以及性伴侣。同其他人一样,许多残障者有着令人满意的人际关系。然而,一些残障人士由于损伤带来的限制以及(或)社会系统、文化压力带来的限制而面临特殊情况。这些情况可能导致建立和维持关系方面的困难。残障者存在于所有的社群当中,包括黑人和少数族裔社群,而不同社群在文化期待方面具有较大差异。一些社群遵循英国主流文化的期待,另一些则保持着他们原有文化的期待。英国的主流文化中存在多种亚文化,包括地域差异和与社会经济阶层相关的差异。在某些社群和宗教信仰团体中,人们期望家庭成员与现有关系网络中的成员结婚,有时人们安排婚姻是因为共同协定(当新娘和新郎中的一方或双方都不愿意时,偶尔可能有逼婚)。这种家庭安排结婚配偶的方式对于残障的家庭成员和非残障的家庭成员来说都是一样的。

和其他人口的状况一样,大部分残障者是异性恋。同样的,还有不少残障人士是女同性恋或男同性恋者,和单纯就是个残障者或非残障的同性恋相比,他(她)们要面临更多问题。这种情况远比把两种类型的体验简单相加要复杂得多。在残障社群内部,有残障的女同性恋和男同性恋可能会面临恐同症(homophobia),而在同性恋群体里,他们又可能遭遇残障歧视。根据埃文特咨询公司(Avante Consultancy, 2006: 16)的调查发现:

> 被访者确认,无论性取向如何,他们都面临着与其他残障者一样的物理环境障碍,但最明显的障碍是缺乏相关的意识、偏见,对女同性恋、男同性恋、双性恋和跨性别者(LGBT)的忽视,和(或)残障事件,以及常见的恐同现象。

对于那些只经历过隔离和"特殊"教育的年轻残障者而言,还存在一些特别的问题。那些在生命晚期出现损伤的人可能会发现他们的人际关系改变了,原有的关系网难以维持。人们总是期待随着年龄的增长,人际关系的类型会随之变化,特别是与性有关的交往,直到人们变老后,人们才可能认为那并不那么重要了。

残障者和非残障者处在完全不同的世界里,如很多社交聚会的场所,像是家庭聚会、酒吧、俱乐部,往往在物理环境方面不是无障碍的。残障者可能会发现,很难在酒吧或聚会上开始一场交谈,对于轮椅使用者或视力损伤者而言,与他人坐得很近也是相当困难的。当轮椅使用者靠近一群站立着交谈的人时可能会发现,人们认为他是想要经过而非加入交谈；即使加入了这个交谈群体，交谈声也会越过他的头顶。具有行动能力损伤的年轻人会发现，即便是在街上闲逛这项备受青少年喜爱的娱乐活动，他们也很难参与其中。年幼残障者的家长可能会保护过度，不愿意让他们的孩子参加这项普通而又带有风险的青少年活动。但是，对于青少年的成长并离开家长而言，关键的一步就是要承担风险并且做一些家长可能不允许的事情；而那些在交通上依赖家长的残障青少年，不太可能就他们去过哪里或和谁在一起对家长撒谎。

二、他人的态度与反应

残障者在建立和维持人际关系上遇到的另一个主要问题是他人的反应。一些人可能对残障个体或残障群体存有成见，或许这些人真的只是不知道应当如何对待残障者而已，例如，对某人的损伤是要忽略，还是开诚布公地谈论？如果是后者，人们又应该在交往的哪个阶段提出这些问题？莱尼和塞康姆（Lenny and Sercombe, 2002: 17）认为回避与残障者的交谈：

> 经常被解读为敌视。这或是因为健全人士（people with able bodies）看待残障者的方式，或是因为健全人对于交流的回避，更有可能是因为在如何交谈问题上的不确定，不知道如何不让自己或残障者被过度关注，以及如何不侵犯残障者的隐私。

当人们能平等地相互交流，尤其是当他们为了共同目标努力时，偏见消失了，或者说它从未存在过。然而，隔离的教育、工作、交通等形成了（残障者与健全者）各自孤立的发展，再加上负面的媒体形象，只会导致积极交往越来越少。对于年轻残障者而言，一个主要的影响因素是被过度保护的经历，家长和特殊学校没有培养他们具备发展人际交往的能力。他们也许不确定或缺乏向他人展示自我的经验，而人们经常把这些归咎于缺乏机会、情感技巧或社会技巧（Stewart, 1979），或许真的如此，但绝不仅仅如此。非残障者的反应和态度也是因素之一，他们在受教育过程中远离残障儿童,因此不太可能知道如何与残障者建立关系。如果在生命阶段的后期发生了损伤,一些人可能也会把社会和文化预期内化,(不加反抗地)纯粹接受自己不再是这个曾经所处的世界上的一员。

三、性欲与性关系

性欲的表达以及拥有性关系有助于健康,然而,人们对于性与残障者的关系更容易聚焦在问题上(Stewart, 1979; Felce and Perry, 1997; Tepper, 1999)。这就导致在随后的干预过程中所使用的方法显得"毫无用处,因为它们是机械式的、非政治化的(depoliticised)、过时的"(Shakespeare, 1997: 183)。实际上,也有人认为残障者生活的这个方面已经受到过多关注,因此应该回归到其原有的状态——即人们的私人生活上。的确如此,"性与残障产业"所引发的关注,不仅揭示出残障者性方面的生活,而且揭露了社会自身的价值观。

一些专业人员设想着对于残障者和他们的伴侣而言,性关系必然是个问题,但这是毫无道理的。残障者是有渴求且具有性欲的生命,他们参与到性关系中的方式与非残障者并无不同。但西方流行文化对很多人施压,使他们服从于社会特定的性欲期望。这些文化通过商业广告、流行杂志和网站上提供的如何吸引性伙伴的建议而广为传播。

虽然,莫里斯(1989)对脊椎损伤女性的性体验的意义增添了一个更为定性的维度,但是,几乎没有什么证据证明残障者中感受性障碍的比例远远超过非残障人口中的比例,莎士比亚等人(Shakespeare *et al.*, 1996)用传记和分析的手法研究性欲,尤其关注了男女同性恋关系,在文献方面作出了重要贡献。这种讨论与社会工作介入的关联是,那种认为残障者普遍具有无法解决的、这样或那样性问题的假设是错误的。不过,当性问题显而易见时,了解一些可能的原因或许会有所帮助。疼痛和缺少感觉都有可能导致难以实现让双方感到舒适的性满足,而性无能也可能会产生这类影响,这些都取决于特定的医疗状况。无论是真实存在的还是想象出来的生理危险,同样会影响到性享受,一些药物的副作用也是如此。大小便失禁及相关工具可能会阻碍或影响性关系。此外,已经得到清楚的证明的是,恐惧、焦虑、较差的自我形象等心理因素同样会对性表现产生不利影响。

许多人,无论他们是否残障,都可能无法达到文化或媒体所展现出的那种性表现。这更像是一个社会期待和文化价值的问题,而不是损伤者个人表现的问题。尽管很自然地,人们把文化期待和个人表现之间的差异当作了个人不足的一种体验。莎士比亚(1996: 192)解释了这些期待是如何起作用的:

> 在性与爱的国度里,把残障看成一种医学悲剧的普遍想法变得强势并且不可回避。在现代西方社会,人们认为性的能动性是充分的成年人人格中一个基本组成部分,它取代了之前的有偿工作的功能:因为人们把残障者低幼化,拒绝给予活跃主体地位,结果也削弱了残障者的性欲。反过来说,关于无性欲的假设也是导致人们漠视残障者的一个关键要素。

残障社会模式也为身处日托中心和住宿机构中的残障者的性问题提供了一些线索。这些问题往往产生于残障人士被隔离在特定类型机构中,针对他们的规定(通常是非正式的规定)会规制他们所有的行为,当残障者接受社区照顾服务时,这种规定经常延续到了残障者的家里。某些事还会带来伦理上的两难处境,例如帮助无法自慰的残障者做这件事,或是根据残障者的意愿将其放在床上,尽管这并不是员工认为他们应该待的地方。然而,这些问题是由非残障者通过特定方式组织服务产生的,往往转而被归咎到残障者个体层面上。社会模式下的社会工作实践,需要停止这种病理化的过程,也需要发展一种意识,即,为个人在面临这些障碍时可能存在的需要提供支持。

四、养育子女

在整个 20 世纪,许多西方国家试图从隔离到绝育,再到预防残障者,尤其是针对那些有学习困难的人生育孩子,这种优生学家的冲动在关注当前福利领域的多个方面仍然存在。尽管存在着(残障者)无性欲的偏见,许多残障者仍然成为家长。值得注意的是"英国 1 410 万家长中,约 12%(170 万)是残障人士,110 万有孩子的家庭户中至少有一个残障家长"(Morris and Wates, 2006: 15)。

根据《**家庭和儿童研究**》(*Families and Children Study*),残障母亲所具有的损伤类型包括"胳膊、腿、手、脚、脖颈、后背的问题,关节炎和风湿病(47%);抑郁症或其他精神疾病(26%);胸腔及与呼吸相关的疾病,如哮喘、支气管炎(17%)"(Morris and Wates, 2006: 16)。

但在早前一个更深入的研究中,古丁(Goodinge, 2000)发现英国大约有 120 万至 400 万个残障家长,其中三分之二以上为女性,而且这个数字还在不断上升。在她考察的 8 家社会服务部门,她发现了 621 位残障家长,其中大部分有肢体损伤(61%),另有 12% 的人有学习困难。但是,在所有这些家庭中约有五分之一的家庭被作为儿童保护案例对待了,这个比例在家长具有学习困难时上升到约三分之二。这两个都高的数字,似乎显示出社会工作者不太可能抛开对儿童保护的关注转而为残障家长提供支助。古丁所调查的地方政府的部门当中,没有一家具有任何能够甄别出家庭中是否有残障家长的系统,因此,提供相应的支助也不是常规性的。

韦茨(Wates, 2004: 137)认为,主流价值观中把残障者描述成脆弱的、无能的、依赖的形象,导致儿童保育政策认为"主要'案主'和服务的潜在接受者是残障家长的子女(大部分是非残障子女),而不是对这些儿童行使教养责任的残障成人"。

她还指出,当残障家长参与社会服务当中时,服务供应就得到了改善(Wates, 2002)。同时,2010 年年底,英国政府网站给予残障者的指导充满希望:"您作为残障者/家长的评估,是关于您的需要,记住这一点非常重要。如果您得到了恰当的支持,那么即使是在没有'儿童和家庭团队'服务的情况下,您的孩子的需要也会得到满足"[政府指导(Direct Gov),2010:来自网络]。

《以人为本》[(*Putting People First*)卫生部,2010a:11)]提醒地方政府:"在评估个人需要的过程中,委员会应当意识到具有养育未成年儿童义务的成人,在履行职责时可能需要帮助。"

这能否最终促成在适宜的时间提供恰当的支持还存在争议,因为人们似乎把残障父母的子女们当作年轻照顾者对待了。这种依赖性假设可能会对家庭产生深远的影响,尤其是当子女照顾家长成为一种角色颠倒的形式时。基思和莫里斯(Keith and Morris,1995)认为,这会产生残障者做父母的能力遭否认的后果。这一领域的研究倾向于假定导致一个人需要照顾,是因为他存在损伤,而不是由于社区支持服务的不充分。基于照顾者的需要而提出的对更多支助的要求,既忽视了现实处境,又把责任归咎到残障者身上。秉持社会模式的社会工作者,并不去关注年轻的照顾者并把照顾者角色看作子女们不可避免的角色,而是去思考如何确保残障家长获得作为家长所需的支助。

尽管某些残障者在养育孩子时需要支助,但人们往往把服务导向危险这个概念,残障问题也会被不恰当地和药物滥用或家庭暴力混为一谈:

> 孩子随着成人长大,这个人对孩子的发展和福祉具有重要的影响。对孩子的风险因素部分来自家长的肢体或学习困难、精神健康或药物滥用等问题以及发生家庭暴力。管理这些危险以及与安全和个人自由相关的事务,对于成人服务和儿童服务而言同样重要。[(Association of Directors of Adult Social Services/ADASS)成年社会服务指导者协会,2009:4]

这个观点造成了专业人员持续介入的状况,而没有看到残障家长可以在支持下抚养他们自己的孩子。一个清晰的例子是残障家长领取残障生活津贴(Disability Living Allowance/DLA)中照顾部分的津贴资格标准。该标准不是询问他们需要什么以践行其抚养责任,而是让他们证明在没有其他人监护的情况下,他们对自己的孩子而言是一个危险。古丁(2000:2)对这种没有基于社会模式的社会服务供给的不恰当之处的评论是:

> 我们担忧地发现,尽管根据高级管理人员所说,残障社会模式指导了地方议会的工作,但是,社会模式却没有在他们员工的行为中得到遵循。员工所表现出的关注点,要么是家庭中的儿童,要么是成人残障对于他们个人需要所造成的影响。员工几乎没有超越这些关注点,他们很少关注整个家庭,很少关注如何支持并帮助家长在他们的社会环境中履行他们养育子女的义务。

古丁(2000:2)提出了基于服务供给的原则性建议:

> 开展残障家长工作的方法需要在哲学上和实践上发生转变。它需要强调的是:
>
> ●认可残障者权利,并在现行法律范围内支持他们履行家长角色及职能。

尽管古丁的报告集中探讨实践何以在行政上实施的途径,但是,值得我们注意的是,掌权者在多大程度上接受了残障社会模式和他们的期待,应该成为社会工作介入的指导原则。

普利斯特利(2003)指出,残障者不仅被认为没有养育子女的能力,而且他们还常常遭到监控而不是得到支助。他指出很多使用者主导型的行动是以非侵入性的(non-intrusive)方式提供支持。这其中包含的倡导和直接支付等内容,我们将在第四章中作更深入的讨论。社会工作者面临的挑战是尊重残障者权利,同时提供足够支助使残障家长能够充分地行使养育子女的责任,去除那些仅仅基于损伤的监控。

五、残障儿童

一个残障儿童的出生对家庭而言可能是一个创伤性的和令人感到震惊的事件,这也是专业人员和研究者对待这一主题的主流方式。这样的结果导致人们通常的假设是,家长在需要恰当信息和实际帮助的同时,也需要一些方法来帮助他们克服由于没有生出一个健康孩子而产生的失落、悲伤和丧亲之痛(Selfe and Stow, 1981)。不过,这个观点并不是完全没有争议,一些人指出残障儿童的出生,并不必然导致负面的情绪反应(Roith, 1974; Avery, 1997)。

有时(家庭)压力的出现,可能是因为实际问题没有得到解决,以及残障与贫困之间的关联:

> 在童年期,残障和贫困之间存在着一个双向的关系。残障儿童居于最有可能经历贫困的人群中。而贫穷的儿童与经济条件较好的儿童相比,更有可能有了残障。2002 年至 2003 年间,29%有一个或多个残障孩子的人生活在贫困中,而没有残障儿童的家庭户贫困率只有21%。童年时期里的持续贫困,重创了一个人的生活机会,同样也影响到他的童年经历。(IPPR①, 2007: 6)

当我们讨论拥有一名残障孩子如何对家庭生活造成影响时,基于残障个体模式和残障社会模式在观念上的差异性将会再次显现。在承认具有残障儿童的家庭遭受许多挫折后,社会政策的回应是在 2007 年制定的《为残障儿童打造更高愿景》(*Aiming High for Disabled Children*),它提供了专门的资源及一项以推动独立、早期干预和跨部门方案为主题的残障儿童标准(教育部,2007)。然而,新近的研究显示出这项政策并未取得预期效果,残障儿童仍然处在不利地位:

> 残障儿童身在不同于非残障同类的个人处境里,他们更有可

---

① 即公共政策研究所(Institute for Public Policy Research)的缩写,网址为:http://www.ippr.org/。——译者注

能生活在低收入、贫困、负债和较差的住房里,尤其是那些来自黑人、少数族裔、混血人群以及单亲家庭户的残障儿童。童年期的残障与单亲家长以及有残障的家长联系在一起,在控制了社会不利状况(这一变量)后,这些联系仍继续存在。(Blackburn *et al.*, 2010: 1)

缺乏实际帮助会对这类家庭的家庭关系造成巨大影响。当残障儿童有明显的支持需要,但家长却发现他们没有得到足够的帮助时,这类人际关系可能会遭遇:

超过半数(55%)应答我们调查的家庭说,抛开照顾的角色而与配偶或伴侣相处的机会非常少。一些残障儿童需要大量的照顾和治疗,甚至是夜以继日地照料。经常因为一个家长不能工作,另一位家长就要长时间工作以增加家庭收入。许多回答显示,照顾的需要没有给每个人留下什么时间,伴侣们有时过着分开的社会生活,因为当一个人在照顾时,另一个人需要抓紧时间休息或陪伴其他的孩子。在一些案例中家长完全没有什么社会生活。研究发现,残障儿童的家长与非残障儿童的家长相比,更有可能经历了关系破裂。(Bennett, 2009: 13)

这个研究中有一道多项选择题,要求家庭从中选出最能增强其社会生活的三件事,结果显示家庭优先考虑的事情包括:

- 整个家庭所需的闲暇时间(46%)
- 残障儿童所需的特定游戏活动(42%)
- 社区或社会需要更好的理解(37%)
- 拥有不被打扰的夜晚(30%)
- 会见其他处在同样处境中的家庭(7%)
- 具有一所当地的儿童中心(5%)[改编自贝内特(Bennett), 2009: 23]

社会工作者经常通过提供直接服务来寻求解决之道,但有意思的是,儿童中心的排名如此靠后。使用直接支付的家庭可能根本就没有从服务的角度进行思考,而是把钱花在了有创造性的用途上了。贝内特(2009:23)在点评家庭对实际支助的需要时说:

> 许多应答者的回答都对得到实际帮助上的困难给予了一些洞见,而这些实际帮助可以让家庭过上他们想过的生活。大多数家庭都谈到了压力和沮丧,因为他们必须奋力争取哪怕是很少的一点支持。显然那些难以与制度相抗衡的家庭会处于尤其弱势的境地。

当然,社会工作者的职能之一,就是根据需求在组织和调适上给予帮助,包括确保家庭收到所有应得的经济津贴,在需要时联络**家庭基金会**(Family Fund)这类组织,并与诸如房屋署等其他部门进行谈判。然而,对于社会工作者而言,他们有必要开展评估并从自己的机构中提供一系列的服务和直接支付,特别是当他们就职于法定部门时。第四章还将继续讨论实际支助的问题。

六、成长

对于任何年轻人来说,成长并离开学校都是充满挑战的,但残障青年往往会面临更多问题,包括较低的期望值、缺乏持续的服务供给、在进修及高等教育中未得满足的需要,以及教育、就业或培训可能不合比例(IPPR, 2007)。那些必须奋力争取服务的家长可能会觉得,对子女"放手"并允许他们找到自己的生存之道尤为困难。

尽管,众所周知上述情况是残障儿童和青年成长的一部分,但组织的介入意味着这个生命阶段势必成为服务之间的过渡期。在机构层面存在一个问题,那就是向残障儿童和青年提供支助的服务机构和向残障成人提供服务的机构彼此缺乏沟通。1986年的《**残障者(服务、咨询和代表)法案**》专门在第五章和第六章指出了这个问题,并为这两种机构如何相互沟通制定了一个框架,以确保残障青少年转而接受成人服务这个过程的职能转变和平稳过渡。然而,这个议题所需要的不仅仅是行政程序,更是儿童服务与成人服务之间相互关联的政策制定。残障青年同样也应当被吸纳进入政策制定程序当中。在与有残障儿童的家庭开展工作时,社会工作技术获得发展,并被作为推动残障社会模式的一种手段应用到残障平等培训之中。尽管联合服务(joined-up services)的概念从1997年就开始提出,但在实践上几乎没有什么改变。此外,我们需要超越这两个本来在法律上规定要作沟通的机构,将全科医生、卫生当局、房屋署和雇主纳入程序之中,因为其中每一个环节都有可能形成一种致残的环境。因此,如果要使残障儿童拥有与非残障者相匹配的机会进入成人生涯,那么这些方面就需要在实务上作出改变。

七、伴随衰老的损伤和残障

此处无意将老年人社会工作的话题另作阐述,因为早已有其他作者(诸如 Phillips *et al.*, 2006; Crawford and Walker, 2008)论及社会服务对于患有损伤的老年人的职责。这里需要提出的是,那些在年轻时代就已具有损伤的老年人,尽管他们与上述群体密切相关。

在过去,有损伤的人很少能够存活到老年阶段,因此,我们实际上对于残障者在衰老后会发生什么一无所知。但在20世纪晚期,残障者寿命变长了,一些研究者(Morris, 1989; Zarb *et al.*, 1990; Zarb, 1991; 1993)开始检验提供支持性环境这一议题及其影响。扎布(Zarb, 1993)认为重要的是形成一种理解问题的概念框架,因为传统的老年心理学概念和政策分析往往不能对带着损伤和残障变老的个体、身体和社会影响作出充分地解释。

尽管每个人对变老都有不同的体验,但共性仍是存在的,无论是在伴随损伤而生的个体性问题上,还是在由于社会对待年迈残障者的方式而产生的社会性问题中。扎布(1993:190)描述了一些个体性问题:

　　人们所体验到的许多身体变化,被认为是他们自身的既有损伤的长期后果。对于一些人群而言,常见的是或由既有损伤所引起,或由药物治疗、康复的长期效应所导致的次要损伤。

　　衰老的一个结果是个体损伤可能会加剧,因此,对个人助理的需要也就相应地增加了。但是,当前的社会政策倾向作出的假设恰好相反,因为政策反映出的对社会角色的期待被人为地和生理年龄相关联,这又涉及另一种与系统和组织相关联的转变。就这样,社会服务部门在成人社会照顾中设置了与住宿之家或护理之家费用有关的经费上限,这一标准对超过退休年龄的人们比对工作年龄的人们要低。而在一个人超过 65 岁时直接支付可能会要取消了。同样的,各类福利津贴的支付在达到退休年龄时通常会遭到削减,有些补贴,如对出行的经济支持更是会完全消失,那些人的收入因而大幅下降,这还因为他们鲜有机会能以与非残障人群一样的方式获得个人养老金。

　　逐渐变老通常会让人回想起许多早年生活经历,对于一些残障者而言,这些反思实际上是对潜能未获满足的回忆。麦克法兰(MacFarlane,1994)指出,尤其是对残障妇女,年老的这个时光可能使她们回忆起被剥夺的享受令人满意的人际关系的权利、对自己的性欲意识以及对分娩的体验,而这些回忆可能是令人气馁的。此外,这种回忆本身就是人的一生中社会对于损伤的种种反应的结果,而政策和制度体系可能会加重这一问题,因为它并未向老年人提供与年轻一点的成人所获支助程度相当的服务:"想到奋力活到六十岁,是令人感到痛苦的,因为我们知道艰难争取到的服务及其他支助将要重新评估了,甚至有可能由于衰老的过程而被改变了"(MacFarlane,1994:255)。

　　因此,老年可能成为一个体验到威胁的时期,这不单纯是由健康衰退或情感痛苦造成,而是由于福利机构体系所致,尤其是在福利体系意欲将住宿照顾作为应对个人助理需要的更为适宜的回应时。扎布(1993)认为这对生活方式的威胁非常大,以致一些人在考虑安乐死或自杀了。这是一个针对社会服务在为残障者逐渐老化过程中提供"照顾"时所扮角色的严重指责。因此,社会工作者作为这些部门的代表,他们的任务是帮助个体获得服务,使残障人士有机会维持独立性以及对自己生活的选择权。这里再次强调,虽然意识到残障者所面临的个体性问题十分必要,但更重要的是认识到在遵循残障个体模式的政策反应是如何使上述问题变为了障碍。

本章小结

- 社会工作者应当对各种问题是否存在,保持开放的态度。
- 这些问题可能是:
  - 一个人的个体问题或性本身(sexual nature)的问题;
  - 与资源匮乏或实际供给相关的问题;
  - 个人行为和社会期待之间的矛盾问题。
- 社会工作者应当注意到可能存在的上述因素,同时要鼓励残障者参与社会生活,而不是把他们隔离在学校、日间中心或住宿机构。
- 这些问题可以通过与残障者及其家庭一起工作,来辨识损伤之上的致残性社会障碍的方式寻求解决。
- 残障成人、残障儿童及他们的家庭,在整个生命历程中与其他人群面临着同样的问题,这些人群包括黑人和少数族裔(Black and Minority Ethnic/BME)、宗教信仰社群,以及男女同性恋社群。
- 但残障者面临着来自社会系统、文化期待和压力所叠加的那些额外的问题。
- 社会工作者需要对强加在损伤后果上的社会因素和文化因素有所警觉。

思考要点

练习 1

我们中的大多数人都能够在决定需要什么以改善自我生活方面拥有较高的自主性。思考一下,为什么国家认为有必要训练专业人员为残障者作出此类的决定。试着回答下列问题:

- 为什么社会工作者评估残障者的需要是必要的?

- 如果残障者评估他们自己的需要,会产生哪些问题?

- 现在试试把你的答案应用在你自己身上,如果其他人为你作出这些决定,这会对你的生活带来怎样的影响?

练习 2

- 在纸上列出三种你熟悉的医学症状。再列出九个清单,分别描述每种症状在三种不同社会经济背景下,人们可能产生的社会需要范围。

- 检查你的这些清单,思考这些需要的增长是更可能与症状直接相关,还是和社会经济背景直接相关。

扩展资源

Morris, J. (1993) *Independent Lives: Community Care and Disabled People*(Basingstoke, Macmillan) .《**独立生活:社区照顾和残障人士**》。

Shakespeare, T., Gillespie-Sells, K. and Davies, D. (1996) *The Sexual Politics of Disability: Untold Desires*(London, Cassell) .《**残障的性欲政治:无法言说的欲望**》:这本书关注了男同性恋和女同性恋关系,是对残障

者与性关系文献的重要贡献。

Thomas, P. and Clark, L. (2010a) *Building Positive Partnerships: An agreement between Family Carer's Organisations, Disabled People's Organisations, Deaf People's Organisations and User led Organisations*(Manchester: Breakthrough UK) .《**建立积极的伙伴关系:家庭照顾者组织、残障者组织、聋人组织和使用者主导组织间的协议**》:协同工作的残障者组织和照顾者组织就如何共同工作一起制定的一份协议。

Zarb, G. (1993) 'The dual experience of ageing with a disability', in J. Swain, V.Finkelstein, S. French and M. Oliver(eds.) *Disabling Barriers-Enabling Environments*, London, Sage.《**老年残障者的双重体验**》:这一章探讨了损伤体验的变化,以及如何应对老年人服务和体系的转变。

发现新英国(Breakthrough UK)是一个开展社会模式研究和咨询(以及其他业务)的残障者组织:www.breakthrough-uk.co.uk/。

英国照顾者(Carers UK)为照顾者提供了一个支持网络:http://www.carersuk.org。

残障家长网(Disabled Parents Network)是一个由残障家长发起、针对残障家长的支持网络:www.disabledparentsnetwork.org.uk/。

打造我们的人生(Shaping Our Lives)是一个独立的由使用者管理的组织、智库和网站,其愿景是一个平等和公正的、令所有人拥有同样的机会、选择、权利和义务的世界:www.shapingourlives.org.uk/index.html。

第四章　独立生活和个人助理

导　言

20 世纪 70 年代间,残障者开始对他们生活中缺乏选择和控制的情况越来越不满意了。这种不满自然也包含有对提供支持的专业人士的不满。过去几十年,残障者发起并取得了对个人助理的更多选择和控制(权力),而得到直接支付对这一(奋斗)目标贡献颇大。这些运动以及最终为那些获得直接支付的人所提供的支持体系,是通过残障者自己的组织,即独立生活中心(CILs)的形式(实现的),这些中心同时也为独立生活的其他领域提供了支持。

第一节　独立生活中心

在 20 世纪 70 年代,朝向独立生活的运动并非来自专业人士、政策制定者或家庭内的照顾者,而是来自于残障社群本身。这一运动可以溯源至美国,因为独立生活中心起源于那里。伯克利大学的爱德·罗伯特斯(Ed Roberts)和其他的学生,在一小笔联邦资金的支持下开始了肢体残障学生项目(Physically Disabled Students Program)。1972 年,他们建立了第一个独立生活中心（CIL），这个中心独立于大学，以便残障者可以在找工作、住房和个人支助（personal support）上相互帮助。在美国，独立生活中心曾成功地获得了联邦和各州的资金，从而接管了那些为残障者所提供的服务。独立生活中心拒绝过去提供的那种以有利于控制残障者的方式提供服务的院舍安置方式（Shearer，1984）。最终，伴随着 1990 年《**残疾人法案**》（*Disabilities Act，1990*）①这一内容丰富的反歧视立法，美国残障者运动终于超越了重构福利的范畴（Oliver，1996）。然而，进入 21 世纪以后，美国对残障者提供支持的医疗补助（Medicaid）预算中的 80%，依然投给了护理之家（nursing homes）。

在 20 世纪 80 年代早期，英国也发生了这类运动，当时残障者在汉普郡（Hampshire），随后在南安普顿（Southampton）建立了第一批独立生活中心。1984 年，德贝郡（Derbyshire）建立起了最成功的独立生活中心。它的创建者为其取名为"融合生活"（integrated living）而非"独立生活"（independent living）（Davis，1984）。这些独立生活中心的建立使用的是残障社会模式。德贝郡残障者联盟（Derbyshire Coalition of Disabled People）甄别出了残障者独立所需要的七个主要要素，这些要素成了广为人知的独立生活的七宗需要（seven needs of independent living），至今依然被作为独立生活中心的基础。这些要素来源于残障者之间对于他们融于社区需要什么所展开的大量讨论：

若不先设想住房问题，那就无法开展任何活动。**住房**设计将有助于有效使用某些**技术辅助设备**（technical aids）。这两个因素的结合对整个计划奏效所需要的**个人助理**的数量具有巨大影响。

事实很清楚，简单地**获得信息**本身并不足够……这其中包含

---

① 全称为《1990 年美国残疾人法案》（American with Disabilities Act of 1990），引自美国大使馆网站：《美利坚合众国呈交联合国人权事务高级专员普遍定期审议报告》，网址为：http://chinese.usembassy-china.org.cn/091710p.html。——译者注

一个翻译和将信息转化为实际使用的**建议**和**咨询**的因素……一个在家庭之外开始旅途的方式,即**无障碍的交通**,还有就是**环境的可及性**。如果残障者在达到他们所选择的目的地时,遭遇了无法逾越的物理障碍,那么拥有无障碍交通的好处就不能被充分体验了。

从残障者的观点看,他们是从隔离化的住宿机构那种极度的社会剥夺中,开始着手获得充分的社会融合,上述七个因素有这样的逻辑顺序(Davis, 1990: 6-7,标重为作者所加):

- 信息
- 咨询
- 住房
- 技术辅助设备
- 个人助理
- 交通
- 可及性

汉普郡独立生活中心和南安普顿独立生活中心增添了另外五类需要[戴维斯(Davis)称之为"次级"需要],这便成为获得独立生活的"12项基本权利":

- 融合性教育及培训
- 一份充足的收入
- 平等的就业机会
- 倡导(倾向于自我倡导)
- 提供合适并可及的医疗保健

(南安普顿独立生活中心,2010:来自网络)

残障者**自己的**组织(organisations *of* disabled people)在倡议和展示直接支付的优势,以及在支持人们使用直接支付中包含服务使用者方面,取得了巨大成功。

20世纪90年代晚期,英国残障者组织委员会(British Council of

Organisations of Disabled People/BCODP）建立了国家独立生活中心（NCIL）。这一全国性组织在倡议残障者得到直接支付以便安排他们自己的个人助理问题上起到了领军作用（Evans, 2002）。国家独立生活中心也支持了一些地方组织运作个人助理计划（Personal Assistant Schemes），例如，格林威治残障者协会（Greenwich Association of Disabled People/GAD）运营计划就雇佣了一名个人助理顾问（Personal Assistant Adivsor），用来帮助那些在成为雇主时遇到各类问题的残障个人。一份对这一计划在运行3年后的评估总结道：

> 发展诸如个人助理计划的独立生活选择，并不仅仅是有道德上的吸引力和专业恰切性的，它还提供了一种供应更有成本效益和更加有效的服务的可能性，通过扭转过度提供了人们并不想要或并不需要的服务和人们想要并且需要但服务供应不足的情形，达到了法定提供商的服务生产和购买与使用者想的和需要的服务之间的精密吻合。（Oliver and Zarb, 1992: 13）

尽管，英国独立生活中心的数量不多，但它们对残障社群的生活很有影响力。残障者使用独立生活中心的服务经历和面对之前社会工作的经历间反差明显（Barnes et al., 2001）。

那些参与了争取使用者控制权的人们对社会政策产生影响的一个例证，就是在《提高残障者生活机会》报告中，政府对独立生活中心描述如下：

> 它们是由残障者运营和管控的草根组织。它们的目的是协助残障者掌控他们自己的生活并得以在社会中充分参与……对于大多数独立生活中心而言，它们的主要活动和收入来源是运作支持型计划，以便于残障者使用直接支付。这类计划可能包括：建议和信息、倡导和同伴支持、协助招募和雇佣个人助理员（Personal Assistants/PAs）、薪资管理服务、对个人助理员的注册以及对个人助理员的培训。（首相战略小组/Prime Minister's strategy, 2005: 84）

同时,《**生活机会**》报告建议每个地方政府在其所在的区域内都应该支持建立那些基于独立生活中心的使用者主导的组织,而这一点人们在《**以人为本**》方案文件中再次重申(卫生部,2007:4)。通过卫生部渠道来的资金,可以协助地方政府支持成立其管辖区域内的使用者主导组织。

独立生活中心使残障者能够掌管他们的支持是以何种方式提供。这和社会服务部门的机构化趋势不同,后者总是对残障者从福利体系中可以或不可以期待得到什么进行道德上的判断。独立生活中心的特别之处在于,它们倾听并尊重了作为公民的服务使用者及其所有的需要。它们在安排实际协助上提供支持,而这在许多情况下都是至关重要的。社会工作者在找出和提供恰切资源上的角色或许是关键的,但这也理应包含对地方独立生活中心提供服务所作的最佳利用方面。这里再次提出了一个关注点转变的问题,即,从残障的个体模式转向了残障社会模式。人们把独立生活的 12 项基本权利铭记于心将有助于这一转变。

第二节　个人助理员和直接支付

英国独立生活中心的核心功能之一,就是为残障者在雇佣和管理他们自己的个人助理员方面提供实际建议和支助计划。这对支持残障者在日常支助上享有更多选择和控制而言,是至关重要的。残障者需要直接支付,以便能雇佣个人助理员。1948 年的《**国家救助法案**》里把提供个人照顾服务的责任和资金转移给了地方政府。(根据这个法案)虽然地方政府可以直接提供服务或购买私营组织、志愿组织的服务,但它们若把个人照顾的费用直接拨给个人则是非法的。这阻碍了英国残障者组织用美国独立生活中心那样的形式发展起来。

1988 年,随着独立生活基金(Independent Living Fund/ILF)的设立,英国出现了使残障者获得现金以管理他们自己支助服务的一丝机会。独立生活基金针对的是从地方政府那里获得的服务,通过提供现金以给予补助。独立生活基金为大量有高度支持需要(high support needs)的残障者提供了资金。从残障人士的角度看,这是一个巨大的胜利。不过,人们对这一资金的需求远远超过了政府的预期。1993年,随着实施《**国民医疗保健服务和社区照顾法案**》(1990),地方政府承担了更多的职责。截止到 1992 年独立生活基金结束时,22 000 人得到了付款(Morris, 1993a: 171),这些人后被转移到了独立生活基金扩展资金项目(ILF extension fund)上。为了那些需要地方政府提供额外财政供款的新申请者,政府建立起另一个独立生活基金(ILF)。

那些获得了独立生活基金的残障者和那些单纯依赖地方政府服务的残障者,依然都在指责直接服务的供给过于僵化,并阻碍了独立和融合。他们倡导更多的自治,这促成了一项残障者可以安排自有支助服务的政策协议。1996 年《**社区照顾(直接支付)法案**》使地方政府通过对残障者现金给付而非提供服务的方式,合法化了那些支持残障者个体化的个人助理计划。最初这一计划并不是法定义务。不过,2004 年4 月,内阁卫生大臣根据 2001 年《**医疗保健和社会照顾法案**》(*Health and Social Care Act*, 2001)授予他的权力,要求地方政府提供直接支付。直接支付有助于克服在涉及提供充足支助服务方面所面临的很多困难。然而,把雇主责任从地方政府那里转移到了个体的残障者那里,也要求残障者具有招聘、对服务进行管理和行政处置的各种技能,这就需要独立生活中心提供专业知识了。

随着直接支付的发展,独立生活基金得以延续。截至 2006 年,18 000 人在使用它。不过,2010 年,政府宣布独立生活基金将停止接受新申请者,人们预期新申请者将能从地方政府那里获得全部支持。

直接支付可能会给残障者和那些为残障者提供"照顾"的人士间

的关系带来剧烈变革。然而,一些地方政府在确保残障者得到独立生活中心可以提供支持上行动迟缓。巴恩斯等人(2004:10)发现:

> 这里有一个通用的模式,很多传统工党控制的地方政府没有发展直接支付,与之相反,在保守党管辖下,特别是在那些有很强的使用者主导支持组织所在的地方,(直接支付的)获得者人数显著增加。

同样,社会照顾检查委员会(Commission for Social Care Inspection/CSCI,2009:x-xi)在他们最近的报告中,也甄别出残障者获得直接支付时的各种障碍,这包括把对人们损伤的关注转移到致残社会障碍上的重重困难,还包括"地方议员、服务人员和服务使用者以及他们的家庭对于个人预算的概念、可行性及申请等所持的复杂看法。"

2007年戴维(Davey)等人在调查中发现,地方政府对这一政策有所顾虑,这促使他们不实施直接支付(政策)。这其中包括了服务使用者和照顾者对管理付款的担心、工作人员的抗拒以及寻找个人助理员的困难。拥有一个有效的支助计划,在协助建立直接支付计划的相关要素中高居榜首。

如果考虑所有上述障碍因素,对于任何一个残障者而言,能得到直接支付本身就是一个相当大的成就了:

> 如果地方政府对直接支付的参与很勉强,也没有从事支持的工作人员,同时还有一个非常官僚和没有什么响应的体系,即它不能支持提供恰切的建议和支持服务,那么我们也就不再惊异于只有那些最有决心的、最有自信的人才能通过与这样的体系奋战并得到他们的权利了。(Glasby and Littlechild,2009:42)

不过,中央政府(尽管变更了政治统治)依然致力于直接支付,而残障社群更是想要得到这一制度。直接支付已经扩展到了有资格获得社区照顾服务的所有人。当一个责任人来管理这些付款时,地方政府就有权力（但无义务）为缺乏意识能力（mental capacity）①的人提供直接支付了。

2009—2010 财政年度里，166 000 名 18 岁及以上的成人得到了直接支付，这比 2008—2009 年度里的 8 600 人增加了 24%（国民医疗保健服务信息中心，2011a: 41）。在直接支付上的花费也相应增加了：

> 地方议会在直接支付上的花费大幅增加，2009—2010 年度实际花费比 2008—2009 年度增加了 31%。2009—2010 年度花费在直接支付上的费用相当于整个成人花费总毛支出的 5%（8 亿 1 千 5 百万英镑）。（国民医疗保健服务信息中心，2011b: 11）

然而，这在总花费中依然只占了一个很小的比例。

独立生活中另一个显著的进展是个人预算（personal budgets），个人预算是对要求服务的人进行评估，并给出在其服务支持包（support package）中应该给付多少钱的建议。直接支付可能是针对部分的或全部的个人预算。个人预算的想法来自和学习障碍者一起进行的工作以及**让人有价值**（Valuing People）②计划。这些工作是由学习障碍者的家庭照顾者特别是通过诸如**掌控之中**（In Control）③这类组织推进的。个人预算的目的是在地方政府保留预算管理职能的同时，（残障者）对所需服务的方向和类型有所掌控。尽管个人预算的起源和直接支付不同，但它也颇受残障者欢迎。

---

① 本书将"mental capacity"翻译为意识能力，即指行为人对自身行为的性质及后果的认知程度，是衡量一个人智力、理解能力、记忆力和判断能力的标准，是行为人对自己行为的后果承担刑事和民事责任的条件。引自薛波主编：《元照英美法词典》，北京大学出版社 2013 年版，第 908 页。——译者注

② 出自英国卫生部《让人有价值》白皮书，文献来源：Department of Health.（2001）*Valuing People: A New Strategy for Learning Disability for the 21st Century-A White Paper*, London: The Stationery Office。——译者注

③ In Control UK 的网址为：http://www.in-control.org.uk/。最后访问于 2014 年 8 月 25 日。——译者注

此外,还有一个动议来自 2009 年《福利改革法案》(Welfare Reform Act, 2009)中的**控制权**(Right to Control)计划,这个计划赋予成年残障人士来自非社会服务场所的支持,这是在帮助他们实施选择和控制的法定权利。其中包含来自就业支持计划的援助,如**得到工作**(Access to Work)和**工作选择**(Work Choice)计划,以及非法定的住房支持计划**支持人民**(Supporting People)。控制权计划也涵盖了一些其他的服务,这些服务是由不同法律所规范的,如**独立生活基金**、**残障设施补助金**(Disabled Facilities Grants)和**成人社会照顾**(Adult Social Care)等。这一政策的想法是,人们将拥有个人预算和选择直接支付的机会,用以支付他们有资格享有的这些项目(卫生部,2010c)。

此外,为使个人在设计和管理他们自己的支助上有更多的控制权,政府也开展了一些个人医疗预算(personal health budgets)的试点(卫生部,2010c)。

服务使用者还参与了服务设计和管理的这一合作生产方式(co-production)中,它要求专业人士交出控制权。亨特和里奇(Hunter and Ritchie, 2007: 155)支持这一观点,但他们也指出:

> 合作生产方式对于那些看起来难以驾驭的问题,即,为什么服务总是可善始但却不能善终这一问题,并不是一个神奇的解决方案。然而,这一方法确实也在要求专业人士反思他们对有服务需要者的那种"我们来处理它"的反应,使他们对系统性无能变得不再可以容忍了。对公众服务系统(human services system)的局限性的共识,是合作创造更加持久的和可持续的社群的第一步。

亨特和里奇(2007)还指出合作生产是一种哲学,而非一种模式。

如果,社会工作者致力于(为残障者)提供非污名化(non-stigmatised)的服务,那么直接支付则是他们自 1948 年以来最好的一次机会了。然而,正如《照顾人民》(*Caring for People*)估计的那样,资深的项目经理和议员们觉得很难把预算职责委托给个案管理员们(case-workers)(卫生部,1989);同样的,社会工作者也很抗拒把类似的职责移交给残障者(Sapey and Pearson, 2002)。社会工作者应该和残障者合作,在他们的机构中为这种改变一起去辩护。一旦这种改变能实现,社会工作者和照顾管理员就需要放弃他们在购买或供给社区照顾服务上的部分职责,转而支持残障者运行他们自己的个人助理计划。社会工作者的作用是,确保对这些钱的行政管理、确保残障者按照要求使用资金、确保他们的管理方式有助于独立生活的目标、确保不再重复机构照料所带来的各种障碍。

第三节　评　　估

尽管,越来越多的残障人士开始拥有选择和控制的空间,但是,对于他们的需要评估却遵照久已存在的法律要求进行着。贝尔和克莱姆兹(1991:117)注意到:

> 对社会服务部门而言,对肢体障碍案主的需求评估的目的是为他们带来由市议会提供的恰当服务,以及为他们得到其他所需服务提出建议。

多亚尔和高夫(Doyal and Gough, 1991)把对需要的专业评估描述为一种"殖民主义者"(colonialist)取向,因为这种评估包含了一个群体为另外一个权力较少的群体决定什么是对后者最好的行为。多亚尔和高夫主张一种客观的、普遍的需要的观念,并建议说,后一种需要的主要好处在于,把存在什么需要从那些外部社会如何满足或怎么满足这些需要中区分了出来。从评估是否有资格获得服务到评估需要的转变源于《国民医疗保健服务和社区照顾法案》。该法要求社会工作者和其他评估人员检视需要购买或提供哪些服务,以使个人可以更加独立地生活。萨佩(1993)提出 1990 年的法案①是社会政策领域肇始于《济贫法》的意识形态传统的延续,因为 1990 年法案宣称是地方政府,而不是残障者知道他们自己需要什么。当政策结构本身要求人们如此行为的时候,或许仅仅关注于受雇佣者个人的所作所为是个错误。

这里存在着两个问题,首先,需要把评估政策的修辞从其现实中区分出来;其次,评估要真实反映案主的关切,而不是专业人士有意识或无意识地信奉的某种模式的世界观。

最近,人们又用以结果为基础的评估和审查的要求取代了需要主导模式(needs-led approach)(卫生部,2010a)。一旦确定了所期待的结果,对需要的评估就是要计算所需支助了。因此,尽管评估始于对结果的考量,但它很快就回到需要主导之下了。实践中,评估不得不符合**资格框架**(eligibility framework)的政策和指南要求,那个框架在《**公平地获得照顾服务**》(*Fair Access to Care Services*〈卫生部〉,2003)中最先提到,后来《**以人为本背景下的优先性需要**》(*Prioritising need in the context of Putting People First*〈卫生部〉,2010: 21)中再次提起来。那些被考虑适用社会照顾的需要被分成四种类别,即**严重的**(critical)、**相当程度的**(substantial)、**中等的**(moderate)、**低度的**(low)。地方政府持续增加的资金,仅仅针对的是严重的和相当程度类别的需要。评估的另外一个目的,是确定支持的费用:

> 由此,资格要求(eligibility criteria)描述了一系列地方议会要满足的有资格的需要,并考量了地方议会的资源问题。地方议会需要和残障个体一起来甄别出他们希望取得的结果,并辨别出那些未被满足的需要在哪里阻碍了上述结果的实现。(卫生部,2010a: 19)

---

① 即《国民医疗保健服务和社区照顾法案》(*National Health Service and Community Care Act*, 1990)。——译者注

实际上,地方政府依然决定了如何满足需要问题,因为费用是一个人会得到哪种服务的一个重要的决定性因素。残障者们也在忧虑费用问题会成为停止服务的理由,这在 2010 年**麦克唐纳诉肯辛顿—切尔西自治市**一案中凸显出来。上诉法院认为在服务接受者没有好转的情况下,地方政府确实有权停止或变更支助服务。这一判决的理由主要是"地方政府也有代表所有案主利益的职责,而服务供给是基于有限资源的使用之上的"(*McDonald, R v Royal Borough of Kensington & Chelsea*, 2010)。

自我评估

虽然,人们可以轻易辨识出低劣评估中的种种问题,但是,找到一个好的实践模型可能更为困难。萨佩和休伊特(Sapey and Hewitt, 1991)已经提出,社会工作者和其他社会服务人员成了残障者和他们基于福利法规所享有的权利之间的阻碍。因为服务供给取决于地方政府对需要的评估,这就把对需要进行评估的人置于这样一种位置上,他们不仅仅是稀缺资源的守门员,同时,也是批准人们有权获得议会所规定各项服务的人。萨佩和休伊特进一步建议,如果评估是由需要引导的,则就必须由残障者执行。自我评估已经获得了政府的一些认同,例如,在起草和残障者一起工作的指南时,社会工作教育培训中央委员会(CCETSW)提出:"自我评估应该处于评估过程中的核心地位,随后的计划和评价也应该始于同一出发点。换句话说,残障人士是他们自身需要的最佳界定者"(Stevens, 1991: 19)。

优异社会照顾研究所(SCIE)积极推动自我评估。2004 年 11 月,在优异社会照顾研究所的一个关于独立生活的研讨会上,每一个发言人,包括那些来自残障权利委员会(Disability Rights Commission)和政府的人,都明确表示自我评估一定要成为确保残障者可以真正获得独立生活的下一步。对于一些医疗需要的自我评估也得到了卫生部的支持。很多地方政府（如林肯郡/Lincolnshire、约克郡/York、雷丁郡/Reading）已经有了网络自我评估的程序，这可以就某个人是否有资格得到一个更为复杂的评估给出一些指引。然而，当"真正"的评估依然是由社区照顾评估员这类社会工作者进行的时候，这类网络方法也仅仅可能是过滤掉一些潜在的申请者而已。

米德尔顿（Middleton, 1997: 3-4）对自我评估有一些担忧，但是，她强调了评估中专业人士的作用，一定要大于那些为了提出计划的一对一的活动：

> 评估是管理相互竞争的要求和协商出最合理结果的一门艺术。它意味着对机构要求、立法指示、有限资源、政治和个人议程间相互分歧状况的把控。它包括在机构间的环境变幻莫测时能依然屹立不倒。它把（各类）情况作为一个整体给予考量，并作出获得改变的最佳方法。

因此，评估和自我评估是复杂的任务，其所包含的内容要远多于在已经制订好的表格中打钩。米德尔顿的观点是，当社会工作者和残障人士作为伙伴一起工作时，可以提供很多帮助。哈瑞斯（2004）提出，如果我们要停止把残障者处理成服务使用者，我们就需要把对评估的关注从机构界定的需要转移到残障者想要的结果上来。"不论是在概念上还是在实践中，为什么关注'需要'会问题多多，这有很多原因。对'需要'的鉴别一点儿也不是什么绝活，因为理论上它是主观性的，可能无止无休，而且对某人当下处境而言是相对的（Harris, 2004: 117）"。

哈瑞斯相信假设专业人士的客观性会在他们和残障者之间创造一种等级关系，因为残障者对他们自己的需要更多的是一种主观观念。进一步说，因为需要随时会变，且满足一个需要后，另一个需要可能立现端倪，所以这就把残障者禁锢在了服务使用者的角色中，而身在其中的他们也就不得不依赖专业评估者们了。哈瑞斯的观点来源于试图使用社会模式路径,明显地改变评估中的关注点。在她的研究中,评估者关注的结果是残障者所想从服务中获得什么,而不是一个对于残障者需要的规范性的观点。这样做的时候,需要成了一种自我界定,因为它们源于残障社群的期望,而不是来自于地方政府相信他们在决定确保安全和舒适、或在"需要(need)对抗想要(want)"的辩论中充当仲裁者的职责。在这个领域中,独立生活中心也可以通过有经验的残障者提供朋辈支持,因为后者对自我评估的议题和程序很熟悉。

从社会模式视角看,评估应该是赋权增能的这一观点,同时在残障者充分参与评估过程及其结果方面显得十分清晰,并且得到了很多人的支持。虽然,对于这样一种模式尚存很多结构性的障碍,不过实践者们可以在一个更为参与性的方式下开始工作了。这方面,莫里斯(1997a; 2002)有过好的建议,她是第一个关注:个体实践者在实施需要为导向的评估方式时,是否有符合独立生活运动所需技能问题的人,并且,她随后还关注了沟通技巧等方面。同时期的爱丽斯(Ellis, 1993)也提出,使用者参与中的制度性的和态度的障碍。她认为尽管专业人士会认为他们自己处于无权势位置,但是,专业人士确实可以在相互竞争的评估实践模式中自由选择。他们将实施他们机构的评估流程,如果他们愿意的话,他们可以用与案主利益背道而驰的方式重新诠释(评估流程)。评估中好的实践是包含着一个对动态权力的清晰理解,这一权力是运行于社会工作者和残障者之间的,对于这些人而言,纳入一个残障的社会模式是其核心要义。汤普森(1998)也提供了一些非常实际的方式来供社会工作者思考他们如何在压迫性机构或增能型机构中工作。

霍德斯沃茨(1991: 27)认为评估的主要结果应和"对赋权的各种需要"相适应:

> 肢体残障人士社会工作的赋权模式,它的特征可能是什么呢?
> 除了接受残障社会模式的含义和残障作为压迫的概念外,这其中

最重要的可能是从案主处境出发的能力,因为任何一个个体残障者都可能处于权力和无权力连续统一体的任何一点上,并因此**需要某一服务适应于对她增能的特定需要**。(标重为作者所加)

当赋权增能处于评估和服务供给过程的中心时,人们从社会模式角度去理解它就非常重要了。这些年来,社会模式成为中央政府、地方政府和社会工作专业性修辞了,也成为公共和私营机构进行组织变革的组织性原则(Baistow, 1995)。然而,这并不意味着它能给残障者带来什么好处,社会工作者也不应把赋权增能认为是一个馈赠。弗莱雷(Freire, 1972)指出,赋权增能是一个过程,在这一过程中无权势者从有权势者那里把权力拿了过来。社会工作者处于有权的位置上,雇用他们的机构和各级政府亦是如此。如果,社会工作者要在残障者自我赋权过程中有所作用的话,那么社会工作者将要成为残障者的同盟,也就是准备放弃或分享残障者权力的人。

应该让有能力的和知识渊博的专业人士和残障者协同承担说明残障个体和社会方面及两者间关系的评估,这能确保他们考虑了案主的意愿、关切和目标。同时,最重要的是,如果纳入了社会维度,就需要让社会工作者参与其中。因为社会工作者涉及了三级干预,而它作为一个赋权、增能问题时,在残障社会模式下就有可能成为初级干预了。

第四节　其他社会服务的供给

对许多残障者而言,管理那些为他们的各类支助提供资金的不同机构,是一个后勤上的技术活儿。医疗服务和社会服务的分立,以及在住房、就业支持和残障津贴上的各类资金,都涉及要和很多机构打交道。(政府)也早已承认了这一状况。20 世纪 60 年代末,《西鲍姆报告》就曾主张不同服务间的协同。1990 年的《**国民医疗保健服务和社**

区照顾法案》规定了机构间合作的法定义务,从强调卫生部转为强调合作。一系列的指南和公函都给社会服务、医疗和住房等政府部门各类意见和指示,以确保他们间能有效地一起工作。包括审计署在内的批评者都在说,与打破藩篱、相互合作和协同相反,市场机制的引入,由于受制于各类预算优先顺序及其责任,创造了更多的不可渗透的边界。尽管有协同工作的规定,20 多年来这一领域中依然存在种种问题,政府在它的各类社会政策指南中,依然还在解释协同工作的好处(卫生部,2010b: 15)。

在对使用服务的人以及他们的照顾者的服务成效的研究中,有证据显示医疗保健和社会照顾上的合作模式,能够减少人们对两个体系的需求。如,除了对长期的独立和福祉有所裨益外,投资于复能和中期照护(intermediate care)①可以预防住院和出院后被转介到长期照料(long term care)中,也可以减少不间断的家庭照顾支持(home care support)需求。社会照顾的干预可以减少医疗保健服务需要,一如医疗干预可以减少社会照顾服务需求一样。

2010 年出现的那些(政策)变化意味着,地方政府要承担很多医疗服务责任了,而这些服务过去是由初级照顾信托(Primary Care Trusts)提供的。这样做的意图是为了简化对残障者的支助。此外,之前提到的那些**控制权**试点工作,也是为了简化协作关系。

以社区为基础的服务

那些不希望使用直接支付来管理他们自己个人助理事务的残障者,可能倾向于使用其他的以社区为基础的服务,诸如居家照顾(home

---

① "中期照护"概念于 2000 年英国《国家病床调查》(*National Beds Enquiry*)中首次正式提出,之后成为英国医疗保健服务的医疗服务主要改革计划。它主要是指透过各种可行且具备积极治疗意义的住院替代方案,让病患在急性疾病出院之后依然具有适当的治疗,以回复其最佳的健康状况。引自陈亮恭、黄信彰:《中期照护:架构老年健康服务的关键》,载于《台湾老年医学暨老年学杂志》,2007 年第 3 卷第 1 期。——译者注

care)、专业人士的支助(例如物理治疗)、辅助器具及其调适、日间照顾、餐饮服务和短期住宿服务。这些服务可能是地方政府代表残障者从第三方组织那里购买的。传统志愿组织为残障者提供的服务,已经从住宿和日间照顾服务,扩展到了个体志愿者帮助打理花园、驾车带残障者去赴约会等。1993 年以来,这类非关键性的合作(uncritical cooperation)通过购买合同得以正式化。但这些却遭到了来自残障者组织、独立生活中心的大量批判,它们都质疑了福利提供的结构性问题[对这类行为发展的一个详尽的描述见坎贝尔和奥利弗(Campbell and Oliver),1996]。

总体来说,接受以社区为基础的和其他的支助的残障者人数正在减少。国民医疗保健服务信息中心(2011a: 39)说明,接受以社区为基础的服务使用者的人数从 2004—2005 年度到 2009—2010 年度间是缓慢上升(gradual rise)的,而且:

> 接受以社区为基础服务的服务使用者人数从 2008—2009 年度的 154 万人下降到 2009—2010 年度的 146 万人,减少了 5%。在接受以社区为基础的服务使用者中,65% 的人年龄为 65 岁及以上的老年人。来自各地议会的反馈显示,这一数字下降的原因主要是一些技术因素,如数据清理、引入自我引导支持后记录系统的变化,以及那些具有较低需要程度的人更多地使用补助金资助的服务等。各地议会报告说如果这类情况继续,明年数字还会进一步下降。

这里提及的具有较低需要程度的人,与"公平获得照顾服务"(Fair Access to Services/FACS)政策下不断收紧的资格要求有关。在这个政策下,几乎所有的地方议会都只给那些需要层次评定为严重或相当程度的人提供服务,有些地方政府还把相当程度作了区分,只为有较高的相当程度需要的人提供支持。地方政府花费了更多精力去检查人们的支持服务,如果人们的情形发生改变,他们可能会被评估为有低度或中度需要,因此将不再有资格得到支助了。一些人在审查过程中被巧妙地从严重或相当程度的类别移到了有限程度类别,但是,还有一些人,即便他们的情形没有改变但也可能给转移了。由此,这些残障者可能会被告知不再具有获得支持服务包的资格,他们只能通过质疑这类决定才能维持支助。如今这一方式由于有照料资金计算器(Care Funding Calculator)(改进与效率社会企业/iese,2011,来自网络)而变得机械化了,因为这个计算器的设立目的就是为了节省照顾费用。与此同时,地方政府还增加了它们(所提供)支持的收费,这让很多残障者难以支付,因此,残障者也就无法得到他们需要的支持了(Clark,2006)。

尽管得到以社区为基础支助的人数在下降,但是,成人社会照顾的总费用却在不断攀升,这也提醒我们,那些接受服务支持包的人的平均花费较高,这或许是因为他们有更高程度的支持需要。

> 地方政府报告说成人社会服务的现金总支出从2008—2009年度的161亿英镑上升到2009—2010年度的168亿英镑,其中,现金方面大约增加了5%,实物方面增加了3%。从一个更长一点的区间看,实物方面自2004—2005年度至今增长了10%,1999—2000年度至今则增长了47%。(国民医疗保健服务信息中心,2011b:4)

传统行政区划意味着,对不同人群存在不同的资金源和服务层次:老年人、有精神苦恼人士、学习困难者、肢体和感官损伤者等。英国人口统计的变化意味着老年人口每年都在增加,老年人成为接受成人社会照顾的最大人群了。在接受服务的人中,65岁及以上者约有122万人(68%),这说明他们的需求是巨大的(国民医疗保健服务信息中心,2011a)。

过去有这样的做法,即,如果一个人的个人支持所需费用超过了一个住宿之家服务的话,人们就不能在他们自己的家中得到支持了。这一结果导致了残障者的极大恐慌,因为,他们担心自己要被迫在违背个人意愿的情况下接受院舍照顾了。态度上的改变本身可能不足以取代几个世纪以来这类院舍发展所留下的物质遗产。

第五节　残障者住宿设施：一种备受抨击的服务

正如前文所述,朝向独立生活的改变是缓慢且有限的。我们很容易看到在残障个体模式指导下,那些为残障者计划和提供服务的人倾向于认为住宿服务是一个合适的选择,特别是当一个残障者不能像以前那样生活的时候,而不论这种状况是否是因为那人家庭破裂、缺乏社区支持和/或损伤不断加剧等结果。达利(Dalley, 1996)指出,住宿服务反映了这样一种意识形态态度,即,社会在某一特定情况下应该采取什么形式的照顾。这一意识形态的应用根据疾病而具有选择性。这就表示具有特定损伤类型的人更容易被机构化,老年的残障者亦是如此。但达利也认为,居住在家还是受青睐的,而且,越来越多的人意识到,即便是对那些有相当损伤的人来说,在社区生活也是最合适的。

尽管和60年前相比,今天的残障者有了更多的选择。但是,自从1948年国民医疗保健服务从济贫法的医院(infirmaries)和济贫院(workhouses)继承了55 000个床位用来供给长期疾病患者开始,住宿服务就在大幅增加(Barnes, 1991)。到20世纪后期,这一数字达到了顶峰,尽管,最近它有所下降,但是,依然有215 000人住在各类住宿之家里(国民医疗保健服务信息中心,2011a: 33)。对于那些目前尚未住进住宿之家的残障者而言,他们经常害怕当自己的服务支持包费用超过住宿之家费用时,他们就会被要求搬进住宿之家去了。在过去几十年,比较年轻的残障者已经很少生活在住宿之家了(国民医疗保健服务信息中心,2011a)。

住宿照顾对于所有的案主群体而言,都是和独立生活对立的,并在这些年遭到了很多批评。而这对于那些害怕如果他们的个人助理要求太过昂贵的话、住宿照顾会成为唯一选择的残障者而言，也是千真万确的。从残障社会模式角度看，毫无疑问，住宿照顾的经历会进一步障碍了损伤者。2008 年，联合国在《**残疾人权利公约**》(*Convention on the Rights of People with Disabilities*)中支持了独立生活权。《公约》第十九条要求各国确保："残疾人有机会在与其他人平等的基础上选择居所，选择在何处、与何人一起生活，不被迫在特定的居住安排中生活"[1]（联合国，无日期：13）。

联合国（无日期：14）在《公约》第十四条也清楚地要求缔约国应确保"任何对自由的剥夺均须符合法律规定，而且在任何情况下均不得以残疾作为剥夺自由的理由。"[2]

尽管收容于住宿之家，通常不像精神病院那样是强制的，但是，如果没有其他可能的替代性选择方案，它也应该被认定为事实上的强制了。

自从《**精神病院**》(*Asylums*)(Goffman, 1961)出版后，已经有了相当数量的对于机构化影响的研究成果了。"全控机构"(Total institutions)，一如戈夫曼(Goffman)所称，特点在于缺乏隐私、缺乏选择的自由，身在其中的个体失去了创造有意义的人际关系的机会。机构提供的是一个高度结构化的日常常规，身居其中的个体居民的生活是受管理规范的，并且他们都得到的是雷同的对待。这就产生了此前被识别出来的机构性神经症(institutional neurosis)问题：

> 这一疾病的特征是冷漠、缺乏动机、尤其是对并非直接与个人

---

[1] 《残疾人权利公约》，联合国全体大会，2006 年 12 月 16 日通过(A/RES/61/106)，中文版网址为：http://www.un.org/Docs/asp/ws.asp? m = A/RES/61/106，最后访问于 2014 年 7 月 27 日。本翻译过程中对直接引用的部分都直接使用作准中文版的翻译，该版本中将"disability"翻作"残疾"，请注意。——译者注

[2] 《残疾人权利公约》，联合国全体大会，2006 年 12 月 16 日通过(A/RES/61/106)，来源和说明同上。——译者注

相关或在场的事物和事情失去兴趣、服从、有时对严厉或不公的命令不会表达情感或怨恨。对未来也缺乏兴趣,而且明显没有能力为未来作出任何实际计划。个人习惯、如厕和一般(生活)标准的衰退。丧失了个体性,顺从于事物如其所是——没有变化、不可避免和无穷无尽。(Barton, 1959: 2)

有些研究者格外关注服务于残障者的机构,他们总是试图以少一点引人侧目的词汇去看待机构化对其中居住者的影响。米勒和格温(Miller and Gwynne, 1972)描述了"仓储式"(warehousing)模式的住宿照顾,类似于戈夫曼的全控机构,他们用这个词汇来称呼传统住宿照顾模式,是因为在这类服务任务的要求中,被收容者(inmate)处于依赖的、失去个性的(depersonalised)和被征服的(subjugated)状态。米勒和格温(1972: 87)说"被那些聪明的伤残者(cripples)的困境所吸引……他们被迫要在机构中过着困窘的生活,并且,那样的生活没有给他们的发展提供机会。"

米勒和格温(1972)在住宿照顾的"仓储"模式和"园艺"(horticultural)模式中作了区分。仓储模式表达出了人道主义的和医疗模式的价值,身处其中的生命能得到延续,是个好事,但它从不追问被延续的生命有何意义。这一模式强调医疗照顾和最小风险,它的主要目的是尽可能长的保持社会死亡(social death)(以残障者进入机构为始点)和生理死亡之间的距离。作为这一模式的替代,园艺模式强调每一个被收容者的独特性、个体责任的重要性,以及实现未能实现的雄心壮志和可行能力的潜能。

然而,米勒和格温(1972)没有完全赞同园艺模式,因为他们两人担心这一模式把独立看得太重要了以至于显得问题多多,而且由于真实情况遭到忽视和扭曲,导致曲解工作人员和住客的关系。在残障者社会运动的关键岁月中,保罗·亨特(Paul Hunt)和其他勒考特(Le Court)的住户们意识到了,无论住宿之家的运营作出多少改变,隔离

（状态）依然是个社会死亡的过程，而只有融合于社区中的生活选择才能对此有所改观。残障者自己在找寻独立生活于社区之中而非住宿之家的出路：

> 在英国，我们有为"难对付的"少数人群提供隔离机构的习惯，对那些遭受四肢瘫痪创伤的人也不例外。事实上，这一传统植根于《济贫法》，并延续至今未变。对于那些很大程度上依赖他人以获得个人帮助，并且出于某种原因没有家人支持或希望独立于家庭支持而生活的人，只有很少一部分能找到住宿或照顾的替代系统。（Davis, 1981: 322）

很多对住宿照顾的批评或明或暗地倚仗于残障社会模式，因为，他们认为机构体制是在增加残障个体所面临的社会问题，而非减少这些问题。一些（人或组织），如肢体损伤者反对隔离联盟（UPIAS, 1976）呼吁所有隔离机构都要完全彻底地消失：

> 联盟的终极目标是取得这样一种状态，即作为肢体损伤者的我们，将全都有办法选择我们希望在哪里和如何居住。这将包括移除国家和慈善机构所运作维持的隔离式的住宿机构。（UPIAS, 1975: 4）

社会模式展示出了残障强加于损伤者之上的方式，因而，残障是社会组织方式的结果之一。因此，毫无疑问，住宿照顾方式障碍了有损伤的人，从这一观点出发，住宿照顾所提供的是一种让人无法接受的服务。

这些年，鲜有关注机构照料中的年轻一些残障者的研究。如果年轻残障者入院的情境和老年残障者有某些方面的相似，那么那些担忧也就能得到很好的解释了。布斯（Booth, 1992: 2）通过对老年住宿者研究的综合回顾总结道："绝大多数人，他们自己并没有作出一个进入机构照料的积极选择，绝大多数人都是因为其他什么人的安排而被收进去的（经常是没有什么咨询且面临着各种压力）。"

持续使用住宿式照顾方式也可能是由于个人经济因素。肖尔(Schorr, 1992)指出,不论是在英国还是美国,都存在着使用住宿照顾和经济收入之间的相关性。只有当老年人的支出能力和人口中其他人群的收入相比是增加的,进入机构人数的增加趋势才有可能放缓。他认为,如果想要社区照顾取得成功,福利政策的改变必须有收入维持问题和个人社会服务政策部分。这也是1976年肢体损伤者反对隔离联盟在他们对残障的基本原则陈述中所采取的立场:

> 很自然,联盟支持并为增加对肢体损伤者的帮助而奋斗,我们的贫困和亟待紧急变革的需要是毫无疑问的。然而,我们这个联盟的目标是寻求"从国家那里获得必要的财政……及其他帮助,以便我们可以在日常生活的各类活动中得到最大可能的独立,获得行动能力,承担有产出的工作以及在我们充分掌控自我生活的情况下,选择在什么住所以及怎么居住。"(肢体损伤者反对隔离联盟,1976: 15)

然而,随着私人养老金和退休金的贬值,加上公共养老金很低,老年人的收入很有限,其财务状态未见好转。这些趋势都对那些为残障者服务的住宿照顾设施形式和未来发展有着重要影响。

朗根(Langan, 1990)已经提出,社区照顾立法在鼓励独立部门(independent sector)的扩张,而这可能会导致院舍式照顾的增加,因为院舍这种方式比其他任何方式都更有利可图。到了21世纪,政策更加强调独立部门了,因而,残障者的情况可能会更糟糕。**住宿论坛**(The Residential Forum)是一个带着支持改善"住宿照顾"企图的小组织,它对独立部门的态度通常是非常积极的,但是即便这样,它也承认进入**"照顾"**(状态)常常并非是一个积极选择,而是由于缺乏在社区内的支持(2010:来自网络):

> ● 一些有各种肢体和精神残障的老年人选择住宿照顾,而不愿让亲属或邻居感觉有负担,或是不愿独自应付日渐衰退的能力,

或是缺乏自信，或是感觉孤立或孤单，或是日益忧虑、压抑或迷惑。

● 其他一些人本不愿进入住宿照顾，只是觉得无法避免才接受了。后来他们常常重视机构带来的友谊，并力图好好利用它。

● 其他人再三感受到他们是被迫收容于机构的，因为他们缺乏可行的其他选择，这或是因为家庭破裂或其他支持网络的破裂，或是因为国民医疗保健服务或社会服务撤出对其留在家中的支持，或是因为受到了来自亲属、邻居、全科医生或医院员工的压力。

看起来，即便那不是人们想要的方式，但是，住宿论坛把社区内没有充分支持作为了一个人们待在住宿之家的合理理由了。

对于那些负责提供个人支持的人来说，当他们使用残障个体模式时，问题自动就成为："这个人需要什么？"答案则简化成了食物、衣服、住所和个人助理，而当个人的各类需要聚集在一起时，看起来，为相当数量的个人提供机构住宿服务也并非不合理，特别是人们还要考虑到来自照顾产业的社会和经济压力。

但是，对使用社会模式的社会工作者而言，这个问题就不一样了，它变成了：物理的和社会的环境用了哪些方式阻碍了这个人继续生活在社区里、阻碍了他继续过独立的生活、阻碍了他们实现自己的期待？显而易见的是，这就产生了一个截然不同的答案，其中包含独立生活的基本需要，如寻找到合适且适足的住房，拥有合理的收入以确保得到食物、衣服和个人助理，获得社会支持的供给等。

本章小结

● 残障者社会运动的目标和福利供给公民权模式的本质差别在于，残障者应该能够和任何非残障的人一样，体验同等程度的独立生活。

● 传统福利模式中包含我们回顾过的住宿照顾和许多半独立（semi-independent）的替代性方案，而这些都不能提供相同程度的独立生活。

● 人们试图提升上述服务的品质只能被当作治标不治本，因为人们一上来就把使用这些服务置于了首位。

● 对社会工作者的要求是：首先，他们要理解独立生活的意义和内涵；其次，他们要使用自己的技能并利用他们在福利体系中的角色支持残障者追求上述目标。

● 尽管这些年，各种模式的照顾先后推出，但独立生活的关键是，对个人助理供给的完全掌控，应该移交到接受服务的残障者手上。

● 英国福利的新市场结构中，上述做法意味着给予残障者财政（支持）去资助残障者自己的个人助理计划，并支持他们用他们自己觉得有用的方式来完成这项任务。

● 社会工作者多致力于反压迫实务，这也是他们的价值所在。但是，监督社会工作者行为的团体把社会工作者描述为持有"限制性的或高人一等的态度"，并未意识到他们应该干什么，甚或更糟的是竖起了屏障以在服务中维护他们自己的权力，而那些权力本是残障者需要使用的。

● 很显然，只有通过独立生活才能取得自立和公民权。

思考要点

练习1

很多残障者认为直接支付是独立选择和控制的途径，但是，也有些残障者对如何管理直接支付感到很担心。关于管理他们自己的预算，残障者的主要担心是什么？作为一个社会工作者，如何帮助残障者对他们的支助服务保持选择和控制？

练习2

喘息服务（respite care）是社会服务部门的一个很普遍的服务，它经常采取的做法是把老年人或残障者收进机构中，以便他们的家人可以从照料他们中得到一点休息。然而，这样做意味着需要支持的（残障者）个人是个麻烦，而把他们移开就解决了这个麻烦。

你需要创造性地思考如何为家庭照顾者们提供替代性的选择，这些家庭照顾的是：（a）一个老人；（b）一个有学习困难的人；（c）一个有肢体损伤的人。你的替代方案的目标应该是，避免为使其他人获得喘息而把这个人机构化了。

扩展资源

Glasby, J. and Littlechild, R. (2009) *Direct payments and personal budgets: Putting personalisation into practice*(Bristol, The Policy Press) .《**直接支付和个人预算：将个性化付诸实践**》：这是一个对直接支付如何运作以及糟糕的社会工作实践所产生的阻碍方面的研究。

Morris, J. (1993) *Independent Lives: Community Care and Disabled People* (Basingstoke, Macmillan) .《**独立生活：社区照顾和残障人士**》：这是一个残障者能够支付他们自己生活中的个人助理后的影响领域的研究。

Priestley, M. (1999) *Disability Politics and Community Care*(London, Jessica Kingsley)《**残障政治与社区照顾**》：这是一个关于残障者组织如何提升社区照顾质量的研究。

美国加州伯克利独立生活中心(Centre for Independent Living,

Berkley, California, United States）成立于 1972 年,这是世界上的第一个独立生活中心。其网站上有各种内容,他们使用"有残障的人"（people with disabilities）这一短语。它致力于打开在社区中充分参与和对所有人都无障碍的通途。它由残障者设立、运行和管控:www. cilberkeley.org/。

国家独立生活中心（National Centre for Independent Living）是一个促进选择、控制、权利和充分的经济、社会和文化生活的全国性机构。它由残障者建立和管控:www.ncil.org.uk/。

南安普顿独立生活中心（Southampton Centre for Independent Living）成立于 20 世纪 80 年代,是英国最早的独立生活中心之一,它为残障者提供了一系列的支持,它由残障者建立、运行和管控:www. southamptoncil.co.uk/。

第五章　独立生活:更辽阔的社会 政策和法律情境

导　言

前几章对独立生活的讨论主要涉及了个人助理,不论这一方式是由残障者自己管理、由家庭(或非正式)的照顾者组织,还是由地方政府以居家照顾或住宿照顾的方式提供。正如第四章关于发展独立生活的 12 项权利所展现的,独立生活的内容远非这些,但本书涵盖不了那么多的内容。为了在这一广阔的情境下讨论残障者问题,需要一个整全的系统模式(whole-system approach)。因此,本章将讨论相关立法和社会政策指南中的残障者问题。

在之前章节中谈及了 2007 年出台的《以人为本》这一标志性社会政策。从 2011 年 4 月开始,这一政策被《从地方的角度去思考,从个体的角度去行动》(Think Local, Act Personal)所取代。《以人为本》很重要,因为它的主要原则是,采取一种整全的社区模式(whole community approach),并引发了地方政府的文化改变,结果是,诸如就业、住房、教育、社区安全、信息和建议等领域都变得更加包容残障者了。这一政策试图为早期干预和预防提供协助,而这些在此之前是依赖于社会照顾的,这一政策还要增加选择和控制。采取一个包容整全的社区模式,应该协助残障者在他们当地社区中成为一个更加活跃的角色,从而使残障者拥有社会资本(social capital),即,他们因所有贡献而受到尊重,他们和社区形成互惠的关系,并成为社会网络中的一部分(《从地方的角度去思考,从个体的角度去行动》,2011)。然而,采取整全系统模式的政策在《**从地方的角度去思考,从个体的角度去行动**》中并不如《**以人为本**》那样突出。前者把注意力从社会体系结构处移开了,该结构没有考虑残障者,因而,政策里也把他们排除了。

不论是特别针对残障者的立法和社会政策,还是普遍性的立法和社会政策,经常不考虑损伤者或干脆就误解了这类问题,从而使这一群体就这样致残了。为了反对排斥和不利地位所采取的一些立法措施,实际却是进一步有利于这一致残过程。就这一问题,之前章节已经涉及了一些立法和社会政策,本章将对残障者和社会的关系方面有所关注,并为社会工作者考虑一些可能的干预策略。

尽管,我们可以把国家卷入和关注残障社群问题上溯至 1601 年,甚至更早[波尔赛(Borsay),2005,就追溯到了 1247 年],但(其实)并无必要回顾到 20 世纪 40 年代以前,因为,40 年代那个时候福利国家的基础才刚刚确立。在那之前,为残障者提供的法定服务都是零敲碎打的或特定任务式的,而且只和特定损伤类型或造成损伤的方式有关。尽管,时至今日这一特性都并没有完全消失,但是,现在国家提供服务的时候是把残障者作为一个单独人群了。有趣的是,就业在这一立法中得到了很多关注,说明它对确保(残障者)融入主流社会的重要性。

第一节　就　　业

就业是我们这个社会能组织起来的一个关键方式。但是,社会主导观点认为,因为残障者的个体功能限制,所以他是个"依赖者"(dependent)而不能工作：

> 残障本身就意味着"不能工作"，是个不能挣取工资的人。现今，残障者根本上就被界定为无能力持家的人和不合适的爱情伴侣。（Finkelstein, 1991: 29）

然而，社会模式视角把关注转移到了现代社会组织工作的方式上了：

> 工作世界（建筑、工厂、机器、流程和岗位，操作、规则甚至社会等级）都是适应健全人的，其目的是追逐利润最大化。在这个以工作为核心的社会中，大规模工业的增长，把残障者隔离和排斥在了生产流程之外。（Swain, 1981: 11-12）

这在晚期资本主义社会是个关键，因为在这里，人们依然是根据每个个体从事的工作以及随之而来的社会地位来评判人的。罗尔斯登和沃伦（Roulstone and Warren, 2006: 117）从社会模式视角上思考就业问题时，使用了他们所称的障碍模式（barriers approach）：

> 大量记录表明，残障者在获得有薪酬的工作过程中面临着劳动力市场的障碍，已有研究具体反映了限制残障者工作和职业前景的内部组织性的、物理的和态度的障碍。

对于绝大多数人而言，就业是他们主要的或唯一的收入来源，就业不仅提供了生活的意义，也成为人们身份和地位的一部分。这也显示出，无法就业或被认为不能工作，是如何给残障者带来深刻的消极影响的。

一、1944 年《残障者（就业）法案》

1944 年《残障者（就业）法案》是议会第一部把残障人士单列为一个类别的法律。这一法案为一系列就业康复和重新安置服务，提供了一个框架。与不胜其数的由社会服务和卫生部门运作的日间中心（day centres）和成人训练中心（Adult Training Centres）一起，20 世纪 80 年代,就业部在巅峰时也运作了 27 个康复中心(rehabilitation centres)。1944 年的这项法案还赋予残障者就业的法定权利,法案中要求所有雇员超过 20 人的雇主应雇用占其所有劳动力 3% 的、登记为残障的人。然而,这一比例在实践中从未生效,残障者和非残障者相比,依然有着更高的失业率。

二、1995 年《残障歧视法案》、2005 年《残障歧视法案》和 2010 年《平等法案》

1995 年《**残障歧视法案**》在第二部分废除了 1944 年法案。1944 年法案中的按比例(就业)系统和残障者登记(制度)被取代,取而代之的是,界定就业中合法的或非法的歧视。然而,人们把成为"已登记的残障(者)"(registered disabled)的概念保留了下来,尽管这类登记已不复存在。从 1996 年 12 月开始,商业机构和组织因为和残障有关的理由对待残障者比对其他人更为不利(less favourably)的话,就是非法的了。从 1999 年 10 月开始,上述组织机构要为残障者提供合理便利(reasonable adjustments),从 1999 年 10 月起,上述组织要为残障者提供合理便利,诸如为残障者提供额外帮助、对组织的工作(岗位)和它们向客户提供服务的方式作调整……包括从 2004 年起对房产的物理结构作出合理调整以便克服(残障者)进入的障碍。服务在法案中包括社会工作服务和社会照顾服务,此外公共机构还有促进残障平等的义务。不同于简单地对残障个人的合理便利要求有所回应,公共机构必须考虑他们行动的后果,并避免创造致残的社会障碍。

现在,2010 年《**平等法案**》已经取代了上述残障歧视法,但是,它依然保留了和上述一致的要求。然而,(新法案的)实施依然还是一个问题,因为,法律要依赖个体提起诉讼来反对他们的雇主或潜在的雇主。

尽管有了这些意在使残障者能工作的措施,(残障者就业的)数量和十几年前相比相差不大。处在就业年龄段的残障人士中,只有 40%

的人正在工作,有 25% 的人希望拥有工作,还有 35% 的人不愿工作或因健康状况不够好而不能工作。在那些年龄居于 25 岁至退休年龄之间、且没有工作的人中,几乎有一半是残障人士[贫困网(The Poverty Site),2011:来自网络]。

来自劳动力调查(Palmer,2011:来自网络)的更多信息显示,残障对人们就业的影响,超过了社会性别或成为一名单亲家长所带来的影响。2010 年:

● 既非残障也非单亲家长的人群中,女性就业率是 80%,男性是 90%。与之相反,残障且非单亲家长的男性和女性的就业率大约都是 40%。

● 作为单亲母亲使女性的就业率降低 15%(从 80% 降低到 65%),残障使女性单亲家长和女性非单亲家长的就业率分别降低了 35% 和 40%(分别从 65% 下降到 30% 和从 80% 下降到 40%)。

● 在每一个限制水平中,年龄在 25—49 岁、具有工作性限制(work-limiting)的残障者中,缺乏有偿工作但却有此意愿的人数,要远远超过无残障的人中这一比例。

失业是很多残障者经常要面对的主要问题。而那些确实找到了工作的残障人士也往往被安排在一些低技能工作岗位上,薪水也比非残障的同事要少。《提高残障者生活机会》报告(首相战略小组,2005)中承认了就业的重要性,以及在这一方面帮助残障者的福利服务的重要性。全科医生在提供帮助上的作用,也被纳入了 2006 年的白皮书《我们的医疗保健、我们的照顾、我们的说法》[(Our Health Our Care Our Say)卫生部,2006:29]。

尽管社会工作者经常质疑试图减轻失业这类问题是否是社会工作任务的一个部分,但是,如果人们把就业评估为(残障者的)主要问题,那么社会工作者们就应该发挥一个更为积极的作用。1998 年,《社会服务现代化》(Modernising Social Services)报告中的第三个国家任务,强调了社会工作者的这一作用。那些和失业残障者们一起工作的社会工作者,应该把帮助某人找到一份工作作为他们的部分任务,并准备好按照此要求去提供相关服务和支持。这就包括把残障者和那些提供寻找工作帮助的机构联系在一起。例如,通过纽带(Connexions)①这类组织为年轻人提供支持,这类组织会提供就业方面的信息和建议等。特别是就业中心(Job Centre Plus)将帮助那些在找到合适工作中可能存有困难的残障成人,通过提供提高技能和实际支持的培训使他们变得更容易得到雇用。然而,如果社会工作者和残障者在一起工作时,准备发挥一个倡导性角色而并不是仅仅把就业视为那些其他机构责任的话,那么上述组织工作的有效性将能得到加强。

(但是)人们很可能只给予这些做法一个较低的预算优先考虑,所以社会工作者需要对他们如何提供帮助具有想象力并且务实,要确保他们自己的雇主承担起各自的责任,并谴责其他没有履行责任的机构。这也包括确保自己机构中没有致残的社会障碍,以致妨碍残障者获得和维持一份工作。社会工作者还要能在他们自己的机构中倡导好的实践,而他们的机构原本可能倾向于把残障者作为一个有依赖性的案主,而不是一个潜在的受雇者。

三、收入

残障者遭到劳动力市场的排斥,注定会对他们的收入有所影响。从 20 世纪 70 年代以来,残障者社会运动的历史也包含了对福利救济金的很多讨论以及很多不同的意见。当时残障收入小组(Disablement Income Group)和残障联盟(Disability Alliance)都提出了这样的主张,即,认为残障者遭排斥的主要原因不仅是因为缺乏权利,而且,还是因

① Connexions 的网址为:http://www.connexions-cw.co.uk/。最后访问于 2014 年 8 月 26 日。——译者注

为他们缺乏国家层面的残障收入（national disability income）。但是，肢体损伤者反对隔离联盟（UPIAS）提出，贫困只是一个残障者受压迫的现象，而不是原因，因此，只抨击现象而不处理原因或许并不合适。肢体损伤者反对隔离联盟（1976:3）提出了在考虑残障时的三个基本原则：

（残障是）由社会状况（social conditions）造成的社会情境（social situation），要想消除它，则要：

（a）不能单独处理它的任一方面，诸如收入、行动或机构，

（b）残障者应该在他人帮助和建议下，得到对他们自己生活的掌控，并且

（c）那些寻求帮助残障者的专业人士、专家和其他人都必须致力于促进残障者拥有这类控制权。

然而，残障人士依然比非残障者有着更微薄的收入，而且对于如何改变这一情况还持续存在着相当多的争论。

2011年本书写作期间，福利救济金体系（welfare benefits system）正在经历一个巨大的彻查。《福利改革法案》（Welfare Reform Bill）在议会获得通过，政府对于该法打算取得什么成果作出了一些强力宣告。然而，他们主张的一个重要特色，是通过把贫困责任更多置于个人身上以减少救济金的支出。

《福利改革法案》[（Department for Work and Pensions）就业和养老金部，2011:来自网络]的主要内容包括：

● 引入统一福利救济金（Universal Credit）①，提供一个单一的、简化的救济金，以确保工作总能得到报酬；

● 以更有力的模式减少欺诈或错误，对最严重的犯罪给出更严格的惩罚；

---

① 翻译参考来源：BBC英伦网：《数十年来英国最大福利改革一瞥》，网址为：http://www.bbc.co.uk/ukchina/simp/uk_life/2013/04/130401_life_welfare_reforms.shtml，最后访问于2014年8月27日。——译者注

●一种新的申请人承诺清晰显示出对申请人的期待是什么，同时保护那些有最大需要的人;

●通过引入个人独立金(Personal Independence Payment)①以满足残障者需要,改革残障生活津贴(Disability Living Allowance)制度;

●为住房补助金(Housing Benefit)创造一个更公平的模式,用以稳定市场,并提高工作的动机;

●通过给予地方政府更多的权力来消除社会基金体系(Social Fund System)的滥用;

●改革就业和支持津贴(Employment and Support Allowance)以使福利更加公平,并确保帮助那些有最大需要的人;并且

●为支持一个新的儿童支持体系作出改变,新体系要把儿童利益置于首位。

这些趋势引起了残障者更多的担忧和恐慌,残障者担心他们将失去那些负担损伤和残障费用的一些钱。对于那些接受残障生活津贴的人而言,这一制度在可以工作和不能工作之间作了区分。

有人争议道,因为这些经济上的救济金是就业和养老金部(DWP)提供的,社会工作者也就不该介入其中了。但是,这里有两个论点可以驳斥上述主张:很明显,不能依靠就业和养老金部来确保残障人士可以得到他们有资格享有的(福利),而且,因为贫困是很多残障人士的主要问题,如果不作任何减轻贫困的尝试,那就是在推卸专业人士的责任了。不论是为个体福利权利提供准确意见,还是福利权利项目的设立,都是社会工作的部分任务。参与到残障者收入取向的运动可能会被视为更个体的或政治的,而非专业人士的责任。虽然,社会工作者可以在

---

① 翻译参考来源:BBC 英伦网:《数十年来英国最大福利改革一瞥》,网址为:http://www.bbc.co.uk/ukchina/simp/uk_life/2013/04/130401_life_welfare_reforms.shtml,最后访问于 2014 年 8 月 27 日。——译者注

业余时间参与组织,但如果他们在残障政治中积极参与,就可能被人们认为是超越了他们的专业职责。但是这一立场的困难在于,它是一种骑墙的做法,效果是支持**现状**(status quo),这也就意味着支持那些继续把残障者留在贫困之中的政策了。

对于和正在处于贫困中的残障者一起工作的社会工作者而言,即刻行动是必要的。社会工作者在津贴问题上帮助他们的案主时,有着作为有效倡导者的辉煌历史。为了把贫困最小化并减少经济障碍,重要的是使残障者得到他们有权得到的所有津贴。有些专业人士相信诸如"如果你工作,就不能得到出勤这部分补贴了"或"如果你能走路,你就不能得到出行类补贴了"这类神话(myths)。为了让和社会工作者一起工作的残障人士得到他们有权得到的津贴,社会工作者应该消息灵通及时,人手一册《**残障权利手册**》(*Disability Rights Handbook*)(残障联盟每年都出版这本书)。这本书是最简单但也是最准确且详尽的福利津贴指南,社会工作者和残障人士都可以使用它。有了这本书,再加上网络,就能让社会工作者随时更新关于仲裁和法院的裁决及判决的信息,而这些裁决可能和之前遭到拒绝的申请者有关。

如果残障社群需要更多的专业建议,那么残障联盟或诸如残障信息和建议热线(Disability Information and Advice Line/DIAL)等地方组织,也可以提供帮助。这些组织不仅提供信息,可能还可以在上诉或仲裁时代表(残障人士)维权。很多地方政府也都有它们自己的福利津贴最大化团队。但是,这一团队主要关注那些需要对地方政府提供服务进行付费的残障人群,因为,政府至少可以从收费部分得益。如果当地什么服务都没有,社会工作者就可以和残障人士一起建立一个残障权利项目,让某一特定地区或日间中心的残障者经由福利权利专家的评估,看他们是否都得到了他们有资格得到的一切。一个更长期的方案还包括与已有的残障者组织、独立生活中心或使用者主导的组织一起工作,这些在第四章已讨论过。

118

第二节　平等和人权

20 世纪最后阶段和 21 世纪初所见证的福利体系变革,反映了同一时期围绕着权利和公民权观念所发生的各类变化。官方承认的残障社会模式的影响表现为:

> 在残障领域,"残障社会模式"的发展开始改变了人们过去关于残障者平等的想法。这导致了大家逐渐理解残障者所面对的不利,并无多少是来自于他们的特定损伤,而更多是来自于社会创造的障碍,这些不利透过物理的、系统的、文化的和态度的障碍产生出来。这意味着(残障者)运动的努力,从关注残障者的特定损伤转移到了,为消除残障者日常生活中所面对的各类阻碍而应采取的行动上来了。(Philips, 2007: 34)

1995 年的《**残障歧视法案**》是官方承认对残障者歧视的第一个立法,但是,它并没有能达到残障者的期望。残障社群指出的一个主要问题是该法案的残障定义,是基于个体模式。另一个主要问题是"合理"(reasonable)概念,而且,歧视也可能是"可被辩护的"(justified),这就等于把歧视合法化了。2005 年《**残障歧视法案**》(*Disability Discrimination Act, 2005*)移除了这一点,2005 年的法律还对公共机构,包括法定社会服务(机构),提出促进残障平等的要求。这一义务在 2010 年《**平等法案**》中进一步发扬光大,后者取代了包括 1995 年和 2005 年的残障歧视法案在内的各类反歧视立法。

1995 年《**残障歧视法案**》中使用的残障定义在谈到符合法律保护的人时,指的是那些有精神或肢体损伤人群,而这一损伤对他们进行日常活动的能力有不利影响。这一不利影响应该是实际的、长期的,即,意味着至少(维持)12 个月。此外,定义还特别甄别出来几个没有不利影响限制的疾病。然而,尽管这个法案给了人们某些权利,但争论某人是否残障成为在法案面前很多人的行为遭到质疑的第一步(Gooding,2003)。尽管 2005 年《**残障歧视法案**》和 2010 年《**平等法案**》中涵盖了更多的疾病,但是,它们的残障定义依然是基于残障个体模式的,"一个肢体或精神的损伤,且这一损伤对残障者履行正常的日常行为,有实质的和长期的不利影响"[残障歧视(Disability Discrimination),无日期:来自网络]。古丁(2003)识别出的关于(残障)定义的问题很可能会持续,即,这一定义使雇主可以通过争议那个涉及的个体并不是残障人士从而抗辩成功。

2010 年《**平等法案**》覆盖了 9 类受保护特性,其中一些是适用于每个人的,如性别、年龄和种族。另外一些受保护特性并非适用于所有人,如残障(歧视)只适用于残障人士,而不涉及那些无残障的人。这一法案包括一项公共义务,即预先考虑任何具有受保护特性的人的需求。涉及残障者,这就意味着诸如地方政府等所有的公共机构需要关注结果,预料到残障者的需求以及采取行动去平衡残障者和非残障者之间的情形。

这一法案[平等和人权委员会(Equality and Human Rights Commission),2010:5]在促进平等上具有一个建设性的解释,包括:

● 将人们因为其受保护特性所遭受的社会不利移除或最小化。

● 采取措施以满足那些受保护人群的需要,而这些需要和其他人群是不同的。

● 鼓励受保护人群参与公共生活或其他活动,而他们对上述活动的参与低得不成比例。

该法案说明满足各类不同的需要,包含了采取措施以考虑残障者的残障情况。

一、《欧洲公约》和 1998 年《人权法案》

2000 年,《欧 洲 人 权 公 约》(European Convention on Human Rights),通过 1998 年的《**人权法案**》(*Human Rights Act, 1998*)得以纳入了英国国内法体系。《欧洲人权公约》提供了更为简便的获得补偿的途径,并对公共机构(public bodies)设置了一系列义务,这些公共机构包括大多数社会工作者的雇主们。这意味着人们可以在英国的法院而不用去欧盟法庭,就能提起符合《欧洲人权公约》的人权案子了。

根据《欧洲人权公约》,人们拥有基本人权和自由。有些权利和接受服务的残障者特别有关系,如:有私人生活的权利、家庭受到尊重的权利、结婚的权利、有家庭生活的权利等。《欧洲人权公约》第八条是关于私人生活的权利,它与残障者尤其相关,有些人正是在这一点上使用了《人权法案》,例如 2005 年**雷切尔·冈特(通过她的诉讼之友和父亲艾德温·冈特)诉西南斯塔福德郡初级照顾信托的案件**[Rachel Gunter(by her litigation friend and father Edwin Gunter) v South Western Staffordshire Primary Care Trust, 2005] :

> 一个需要 24 小时照顾的残障妇女想要待在家里,通过一个扩展的照顾包在家里得到照顾。然而,她的地方初级照顾信托(Primary Care Trust/PCT) 因为高昂的家庭照顾费用而想把她置于住宿照顾中,这样做的另一个理由是,在紧急状态下院舍照顾有较高的照顾质量。高院(High Court)认为初级照顾信托没有考虑入住机构对当事人家庭生活的影响。初级照顾信托没有考虑当事人在家庭中能提高生活质量或是她自己想要待在家中的意愿。因此,初级照顾信托被告知重新制定他们的决定,要把当事人家庭生活得到尊重的权利列入考虑因素。(平等和人权委员会,2011:来自网络)

残障者为了得到支持过上独立的生活,可能要在生活中需要很多专业人士和支持型员工,而且,这些人可能要长期存在。残障者在高支助水平中还要维持亲密关系、友谊和家庭生活是很有难度的,但是,当一个人身处自己的家庭时,这些做起来远比在住宿机构或护理之家更有效率。

另一个例子是博纳德夫人(Bernard),她具有行动方面的损伤,并居住在一个对她而言是有障碍的房子里。为了要求一个更加适合的居所,她经过了当地政府社会服务部门的评估,但是,地方上并没有提供(新居所),于是她使用《人权法案》提起了诉讼:

> 第八条给地方议会设置了采取积极措施的义务,包括提供经过恰当调整的住宅,以便博纳德夫人和她的家庭可以享受他们的家庭生活。法庭陈述经过恰当调整的住宅的重要性,不仅因为它可以便利家庭生活(例如以便博纳德夫人可以在家里更加自由地四处移动并协助照顾她的孩子),而且还因为这样的住所能确保了她的"身心完整",而这是受第八条(家庭和私人生活的权利)保护的。法庭陈述"简而言之,这将恢复她作为一个人的尊严"。法庭还根据《人权法案》判定给博纳德夫人1万英镑的损失赔偿金。[(British Institute of Human Rights)英国人权研究所,2011:来自网络]

上述事例都显示出,社会工作者在确保残障者不被拒绝给予那些基本人权上发挥了重要作用,而那些人权对非残障者而言是理所当然的。克莱门茨和里德(Clements and Read, 2003)提出涉及《**人权法案**》中的好的实践,不应该仅仅依从于一个什么是必须要做的最低限度的清单,而是实践者和他们的雇主应该寻求遵循《欧洲人权公约》精神来提供最好的(服务)实践。

二、联合国《残疾人权利公约》

2006年,联合国通过了一个被誉为里程碑的公约,即《残疾人权利公约》(*UN Convention on the Rights of Persons with Disabilities*/CRPD)。[①]

---

① 英文原著中,作者写成CRDP,应为笔误(原书第108页倒数第一行)。——译者注

在本书写作时,192 个成员国中的 147 个签署了《公约》,包括英国在内的 99 个国家已经批准《公约》(http://treaties.un.org)。《残疾人权利公约》覆盖了成人和儿童,并试图确保所有残障人士平等和免于歧视的权利。它承认了残障者有权进入建筑环境、有权得到教育和就业、有权参与政治、文化和社会生活等。它还明确所有人都有权在法律面前得到承认,有权获得司法保护以及免于凌虐。此外,联合国还承认了残障者有权在社区内独立生活和有适足的生活水平:

> 或许和这些列举出来的专门权利一样重要的是,公约包含了一些深层价值。公约体现出的范式转化,即,从把残障者视为有病的和需要医治的这一残障医疗模式转移开。取而代之的是,公约采用了人权模式,把残障人士视为权利的拥有者和我们各自社会的成员,这些成员经常遭到由社会树立起来的、为了排斥和边缘化他们的物理的和态度的致残障碍,而不是因为他们本身的肢体和精神状况而遭残障。(Kanter, 2007: 291)

源于有了《残疾人权利公约》,2008 年联合国人权理事会的特别报告员提交给大会名为《**酷刑和其他残忍、不人道或有辱人格的待遇或处罚**》(*Torture and Other Cruel, Inhuman or Degrading Treatment or Punishment*)的报告,报告中包含了一个涉及对待残障者的全面报告。诺瓦克(Nowak, 2008: 8–9)在他的报告中表达了对残障者的忧虑:

> 残障人士往往身居监狱、社会照料中心、孤儿院和精神病院等机构中,而与社会隔离。他们被长时间剥夺自由,有时候甚至可能就这样终其一生。这种做法要么是违背他们的意愿,要么是未经本人自由表示知情同意。在这些机构里,残疾人经常受到无法形容的侮辱、忽视、严重的束缚和隔离以及肉体暴力、精神暴力和性暴力等。由于拘留设施内缺乏合理的膳宿条件,这可能会增大残

疾人遭受忽视、暴力、凌辱、酷刑和虐待的风险。①

对于社会工作者而言,承认和理解联合国关于住宿机构这一残障者日常使用服务的关切很重要。这类隔离经常被作为善意、保护和照顾者的必要喘息而得到重新包装。然而,正如《残疾人权利公约》已清晰指出,残障者有权得到独立生活所需的一切资源。在一个如英国这样的发达国家中,没有什么经济理由可以拒绝提供给人们这样的权利。社会工作者可以使用《残疾人权利公约》,从一个社会模式的角度工作,以便在预算拥有者面前强化他们关于为独立生活提供服务的论点。

第三节　住　　房

为了能够独立生活,残障者需要他们自己的家,而且这个家应该是无障碍的,这一点不证自明。然而在自住业主部门(owner-occupier sector)找到合适的住房,依然是很多残障者面对的主要阻碍(Hemingway, 2011; P. Thomas, 2004)。在众多关于社会部门(social sector)的住房的研究中很少涉及自有(住房)的。住房("正常"住房)的概念仍然存在,而无障碍住房则被认为是经过"改造的",不论它们是在设计时就是无障碍的,还是经过了真正的改造。这来自于"特殊需要"这个概念,它毫无助益地把残障者标记为"他者"而非主流[(British Council of Organisations of Disabled People /BCODP)英国残障者组织委员会, 1987; MacFarlane and Laurie, 1996; Stewart *et al.*, 1999]。

同样的,改造一个已建成的或者全新的房子也是问题多多。很多

---

① 本段翻译直接采用了联合国人权理事会特别报告员《酷刑和其他残忍、不人道或有辱人格的待遇或处罚特别报告员的临时报告》(UN A/63/175)中第38段的中文翻译,网络链接见:http://daccess-dds-ny.un.org/doc/UNDOC/GEN/N08/440/74/PDF/N0844074.pdf? OpenElement,最后访问于2014年7月31日。该版本中将"disability"翻作"残疾",请注意。——译者注

家庭改造是困难而昂贵的。残障设施拨款(Disabled Faciliaties Grants)是很难得到的,有证据显示官员们是在用一种主观的方式来实施判断的,并不允许有一个公平的申请和完整的过程(Sapey, 1995; Thomas and Ormerod, 2005)。

房屋开发商仅仅被要求遵守建筑规则的第 M 部分。这部分要求为残障者的访问提供设施,而非一定为了居住于该房产中。然而,开发商甚至连提供这一最低限度的无障碍都很勉强(Imrie, 2003)。

房屋设计标准对家的要求是,如果需要改变,是要易于调整的,而这一规定已经存在了多年。上述这些终生之家标准(Lifetime Home Standards)也用在了社会房屋(Social Housing)中,但是这个标准遭到了私人开发商的强烈抵制。普遍使用终生之家标准,可以减少有关"特殊需要"的任何观念,并在调整上节省相当可观的预算,因为它们将更加简便并由此花费更少了。

支持民众计划

2003 年 4 月,政府引入支持民众(Supporting People)计划,旨在社会部门提供和住房相关的支助。计划的资金通过一个中央政府拨款方案拨付给地方政府,然而如今这笔钱不再是限定用途的了,而且经济困难的地方政府正在使用这一非限定用途的资金去支付其他费用。

20 世纪 90 年代末,法律关切到,政府用住房救济金去资助房租这一比住房的房产费用要多得多的社会情形。很多面向大范围民众的庇护性和支持性住房计划都在房租中包含了支持(服务)的花费。1998年,整个支持民众计划作为一个项目建立起来之前,在每一个地方,社会服务部门和房屋管理部门都形成了伙伴关系以提供服务。在实践上,居住于支持性住房的那些人身上发生的是,他们从住房救济金中得到了房租,用来支付物理实体部分,而照顾这部分则是由支持民众(计划)来支付的。这两部分自然都是需要进行家计审查的。

然而,沃森等(Watson *et al.*, 2003)强调,政策似乎把地方政府激发起来,后者要利用这一机会增加对社会边缘群体的服务数量和效率,尽管他们也警告说这些服务的资金不足、有关房屋居住权的问题以及至今未能触及一些最边缘的人群,可能也削弱了这些目标。然而,正如之前提到的,居住于住宿之家或护理之家的老年人人数在下降。而这可能是因为在英国的很多地方,使用支持民众计划在社会租赁住房中提供更加专门服务的地方政策,可能还是有一些效果的。

第四节 残障儿童与教育

一、1989 年和 2004 年的《儿童法案》

尽管,1989 年《儿童法案》中为残障儿童提供服务,还在使用 1948 年《国家救助法案》的残障个体模式定义,但是,它实际上意味着儿童不再只是遵守 1970 年法案①中在那个备受限制的服务清单了,儿童可以期待得到:

> 每一个地方政府应该提供如下服务,人们把它们设计为——
>
> ● 在残障儿童他们残障的领域内,减少影响;并且
>
> ● 给予这类儿童机会,让他们尽可能正常地生活(**1989 年《儿童法案》附录二,第一部分,第六节**)

尽管,该法案在使用了"正常"这一词汇时,显示出残障个体模式的影响,但它还是开启了服务的可能性,这一服务是创新的,且和移除致残的社会障碍相关。这一法案中对残障儿童的融合,要求确保他们不致遭到不同于其他儿童的对待,但事实上这是困难的,因为负有社会

---

① 即 1970 年《长期疾患和残障者法案》(*Chronically Sick and Disabled Persons Act*, 1970)。——译者注

服务责任的地方政府并不总把所有儿童放在一起处置,而这也影响了其他儿童关于正常的观念。为残障儿童服务的责任从主要关注残障的团队那里转移到了(主要关注)儿童的团队处,后者主要关注儿童保护,这不可避免地就把残障问题边缘化了。米德尔顿(1995)指出,卫生部门为服务残障儿童单独作了指南,这使情况变得更糟了。这也让那些漠不关心的社会工作者得以保持了超然的状态。管理者和实践者都需要确保对残障儿童的法定责任得到了严肃对待,如果它们是有助于移除致残的社会障碍以及促进融合的服务(Middleton, 1997)。这类服务遭到边缘化具有压迫性质,而这部分障碍着残障儿童的过程原本是《儿童法案》所试图消弭的。最近,有一个项目在试图改善残障儿童的境况。2007 年 5 月教育部发布了《为残障儿童打造更高愿景》(AHDC)计划。这一计划有三个优先的领域。第一是**无障碍和增能**,第二是**反应灵敏的服务和及时的支持**,这两个都和《从地方的角度去思考,从个体的角度去行动》中的原则类似。在交付选择和控制权给残障儿童及其家庭的这一文化改变发生的同时,主流服务需要更为融合。第三个优先领域是**提高质量和可行能力**,这就要求在休闲服务和青年人服务上的真正改变,因为过去得到短期休假一直是优先考虑家长的(教育部,2011b)。尽管对儿童和青年人如何感受这些所知甚少,托马斯和克拉克(Thomas and Clark, 2010b)的一个小型研究项目显示,人们不怎么需要传统的短期休假设施了,(残障)孩子和青年人们更多选择主流设施。政府为短期休假提供特别经费,而直接支付的选择意味着这些家庭将很有可能拒绝传统的设施,而简单地去往一个每个人都去的地方休假了。

2010 年被认为有特殊教育需要(Special Education Needs/SED)的学生大约占 21%(160 万人),这比 2006 年的 19%(153 万人)有所增加。但不是所有的学生都有特殊教育需要的说明,这一数字从 2006 年的 236 750 人减少到了 2010 年的 220 890 人(教育部,2010a: 5)。大多数被认为有特殊教育需要的儿童是自闭症、有限的学习困难、或被认为有行为或沟通问题的。只有约 20% 的儿童有肢体和感官损伤（教育部,2010a: 13）。

二、1944 年《教育法案》

1944 年《教育法案》(*Education Act, 1944*) 把为所有年龄在 5 — 15 岁的儿童提供教育的责任给了地方政府,并规定:"这一需要是确保任何遭受智力或身体残障的学生,都可以通过特殊教育学校或特殊教育安置,为其提供服务。"

这一法案对残障儿童和他们的家庭是非常重要的,因为它给了他们法定教育权利,但是不幸的是,这一法案是让地方政府和专业人士去具体决定什么是合适的教育。它还强制要求地方政府要确定在其管辖区域内要求特殊教育处置的学生人数。2008 年《特殊教育需要(信息法案)》[*Special Educational Needs (Information Act) 2008*] 要求国务大臣公布英格兰地区有特殊教育需要学生的信息,以便帮助改善这些儿童的福祉。

事实上,更为不幸的是责任当局选择在各类隔离设施中为有特殊教育需要的儿童提供服务。这些年,人们对特殊教育的指责与日俱增,这些指责一方面是基于特殊教育未能为残障儿童提供足够的且和普通学校有得比的教育,另一方面是基于把大量儿童隔离于他们同伴的社会后果。尽管有这些指责,但是,特殊学校中的人数比例还在稳步增加,它比 60 年前要多得多。

1978 年《沃诺克报告》(*Warnock Report*) 提出了若干建议,包括一个更加宽广的"特殊教育需要"定义。1980 年政府发布了一个名为《教育中的特殊需要》(*Special Needs in Education*) 白皮书。沃诺克报告、白皮书和随后的 1981 年《教育法案》(*Education Act, 1981*) 都主张融合理念,但是,它们却都没有给予额外的资源以促进这一行动。1981 年的法案给家长及残障儿童的法律权利并没有发生变化，但是，它把合适的教育服务供给的决定权给了地方政府。

三、1993 年《教育法案》

1993 年的《**教育法案**》(*Education Act, 1993*)要求地方教育当局要接受家长对某个学校的偏好（选择）。然而，如果地方政府发现（残障儿童家长的选择）不适合儿童个人的特殊教育需要，或和对其他儿童的教育有矛盾，或和资源使用不匹配(Braye and Preston-Shoot, 1997)时，它把最后的决定权留给了地方政府。残障个体模式中残障儿童被视为问题，并把主流学校排除残障儿童作为了解决方案。这一影响在于，它为原本通过改变教育环境能取得的那些成果设立了清晰的边界。

那些致力于特殊学校的持续努力是有重要含义的，因为，正如汤姆林森展示的，这并不仅仅是基于为残障儿童提供什么是最好的人道主义的理念，同时还是"为了满足普通学校的需要，更广大的工业社会的利益和专业人士的特殊利益"(Tomlinson, 1982: 57)。实际上，1997 年10 月当政府发布《**为所有儿童提供优良教育**》(*Excellence for all Children*)白皮书的时候，时任教育和就业大臣的大卫·布隆克特(David Blunkett)清晰地表达了他对隔离式教育的反对立场，并宣布了他要减少特殊学校中儿童数量的意图。全国校长联合会(National Association of Schoolmasters)和女教师工会(Union of Women Teachers)对此的最初反应是威胁说，如果融合走得"太远"的话，就"不去教"某些儿童。我们简直无法相信这类威胁能够基于性别、宗教、种族或儿童的几乎任何其他特征作出，但是在关于残障问题上，大部分人却把它作为一个负责任的立场给接受了。事实上，当种族和性别歧视的法律都应用于教育领域时，1995 年的《**残障歧视法案**》却把（教育歧视）排除在规定之外。

四、2001 年《特殊教育需求和残障法案》

2001 年的《**特殊教育需求和残障法案**》(*The Special Education Needs and Disability Act, 2001*)对 1995 年《残障歧视法案》进行了修正，并禁止"所有学校在录取、教育、在学校为学生提供的相关服务中、或在排除在学校外等方面歧视残障儿童"[教育和技能部(Department for Education and Skills), 2011: v]

教育中朝向包容性模式的演变，期待着所有的学校都是无障碍的。这是一项预期的义务，这其中障碍需要移除以便所有的儿童都可以按照家庭的选择进入学校。

也许可以说，所有这些都和社会工作无甚关联。然而，随着越来越多的家长希望他们的孩子在普通学校中接受教育，并且为了实现此目标需要对抗既得利益群体的反对，借用汤姆林森(1982)的话，这些家长需要帮助。莫提儿等人(Mortier 等, 2011: 218)从一个欧洲的视角为此雄辩：

> 儿童们应该有机会从仅仅是支助的接受者，发展成为他们自己拥有支助能力的能动者。学会如何得到以及被允许得到直接支持，是残障者在儿童期以及成人生活中生活质量和自我决定的基本要素。这需要平衡的行动和协商的空间，以便重新界定什么是适合儿童决定的内容，以及在儿童教育中，成人的责任是什么。

不论是在教育上还是在社交中，孩子在成长的那些关键阶段里被长时间剥夺了家庭生活以及和同伴及社区的联系，是不符合儿童利益最大化的。最常见的是，孩子或青年人他们自己的声音没有被他人听到。面对这些问题，家长和孩子可能需要倡导者代表他们去斡旋并争取(Gibson, 2006)。因为从残障儿童出生即有了经常性联系，社会工作者处在一个理想的位置上，可以帮助这些家庭去和教育当局进行谈判。现在社会工作者似乎并不愿意承担这一倡导角色，也不愿意去质疑当地政府部门的同行所作的决定。

从20世纪70年代开始,许多从特殊学校隔离式教育服务中幸存下来的人开始为融合教育而发起运动。人们普遍接受由于信仰和种族的隔离会阻碍融合,但是,人们接受残障儿童和青年人可以没有和非残障儿童融合在一起的经历,反之亦然。非残障的儿童长大成人后,也把残障者视为"他者",并认为排斥残障者是很有道理的。虽然,社会在这方面已经有了一些进展,主流学校已经变得更欢迎残障儿童了,但是,很明显并不是所有的主流学校都提供了必要支持(O'Connell,2005)。

五、2011年绿皮书:《支持和愿望》

相当长的一段时间以来,越来越多的家长为他们的孩子要求得到接受主流教育的这一社会权利,但是,确保他们的孩子得到包含恰当支持在内的融合教育是一场艰苦的奋斗。毫不奇怪地,一些家长放弃了努力,并得出了这一结论,就是说,接受隔离式教育是件更容易的事情。就和其他任何人一样,残障儿童的家长也很容易认为残障个体模式是平淡无奇的,并可能真诚地相信对于他们的孩子而言,隔离式教育是一件最好的事情。伦斯维克·科尔(Runswick Cole,2008:179)发现:

> 社会模式分析似乎暗示出,倾向于残障个体和医疗模式的家长更容易选择特殊学校,而那些更关注于学习中的障碍而非孩子内在因素的家长则会选择主流学校,至少在他们的孩子开始接受教育的时候。

她还提到通往融合的过程是脆弱的,而这些在2011年得到了证实。尽管,经过40多年家长们和残障社群的不懈努力,但是,其他既得利益群体重露头角(教育部,2011a)。由于认识到了家长们所面临的各种问题,2011年政府为了(向各界)咨商,发布了绿皮书《**支持和愿望:特殊教育需要和残障的一个新导向**》(*Support and Aspiration: A New*

Approach to Special Educational Needs and Disability），它指出：

> 一些家长报告他们在现实中几乎没有选择，因为他们不清楚他们的选项，因为他们当地的主流学校不能给他们的孩子提供合适的服务，或因为当地缺乏特殊学校场地。

与提升主流学校相反，这一倒退的建议中的融合是充满偏见的：

> 家长应该有真实的选择，这就是为什么我们致力于移除融合过程中任何妨碍家长选择的偏见，预防特殊学校不必要的关闭。我们相信，给家长真实的选择(机会)，要求一个多元的、充满活力的学校系统，它能提供广泛的高质量的服务，且有自治和灵活性以有效回应家长们的选择；要求家长们可以表达对在任何一个国立学校中进行安置的偏好；要求高质量的信息以帮助家长作出明智选择。（教育部，2011a: 51）

当然，绿皮书里看起来还是有一些积极观点的，但是，人们如何解读这些观点还有待观察：

> ● 到 2014 年时，家长们将具有个性化的资金选择，可以给予他们在孩子的支持问题上更多的控制权，还会有训练有素的关键工作者帮助他们驾驭不同的服务；
>
> ● 家长们在支持他们孩子需要的资金方面可以得到透明的信息；
>
> ● 残障儿童的家长继续有权得到离开照顾(责任)的短期休息，而那时，他们的孩子将和同辈在一起嬉戏；
>
> ● 家长们对于学校有了一个清晰的选择；
>
> ● 如果当地政府和家长有不同意见，他们总是首先进行调解，用一种较少对抗的方式解决问题，而不是一定把他们的案例提至法庭。（教育部，2011a: 41-42）

残障儿童的家长们并不一定理解隔离的长期后果，而且，他们也可能因让他们的孩子远离主流社会是如此容易而感到如释重负。然而,如果那样的话,那么,孩子就没有了同等机会去学习如何生活在主流世界中了,这包括所有重要的社会技能、建立社会网络及社会资本。

年轻残障者从学龄期到成人期的转折点,在专业人士那里称作"转衔"(transition)。那些一切都是为了他们残障孩子的家庭会震惊地发现,当他们的孩子长大成人以后这种转衔是那么艰难,特别是,如果孩子从来没有被纳入主流学校的情况下。那些家庭还会发现他们对未来并没有准备好。那些曾经身处特殊学校的年轻残障者将发现,发展他们所需要的社会技能和社会网络都很困难,或许他们余生都将处于隔离状态中。

第五节　残障者权利:路在何方?

现在,这一点已经很明晰了,残障者如今确实有了一些很有限的权利,他们可以不在就业市场遭歧视,他们可以获得和需要相当的教育,他们还能得到一系列的津贴和服务。但很明显的是,很多残障者没有得到这些权利,而且对于应该如何更好地保护和扩展残障者的权利还有着亘久讨论。这些讨论都被标记为"劝说对强制"或"胡萝卜加大棒"(M. Oliver, 1982)。劝说派的观点是,歧视残障者源于否定的态度或未能考虑残障者特定的"特别"需要。从这一观点出发需要做的事情是更多的信息、公共教育运动和研究。

另一方面,强制执行派的观点提出,强力的法律立法运动是必须的,因为它是残障者获得权利的唯一出路。这一观点存在三个问题,这在30多年前就有人注意到了:

(a)即便立法获得通过,也可能无法实施,1944年《残障者(就业)法案》就是个很好的例子。

(b)即便立法获得通过且得到了执行,它也可能无法取得中止歧视的目标。《同酬法案》(Equal Pay Act)和《种族关系法案》(Race Relations Act)就是这方面的例子。

(c)这类立法倾向于以有利于特定专业人士阶层的方式运作,而不是通过服务去保护立法设计所要保护的那些人群的利益。(M. Oliver, 1982: 78)

今日,上述情况依然如故。1995年和2005年的残障歧视法律也可以被纳入这一例证清单了。或许,残障者自组织和独立生活中心能提供一条出路,和社会工作者一起工作,以使整个系统发生改变。

本章小结

- 为了使残障者能够独立生活并对他们自己的生活进行选择和掌控,我们需要一个整全的系统模式,只关注一件事情是不能带来所要求的改变的。

- 就业是残障者的一个根本问题,因为残障者是失业但又想要工作的人群中规模最大的群体。

- 显而易见的是,除了少数的例外,那些试图减轻排斥的立法都未能作出很多改变。

- 在那些生活于贫困中的人口中,残障者所占比例过高(超过所有残障者在总人口中的比例)。

- 过去的福利救济金体系问题多多,但是,现在的改革将使残障者的贫困情况更为恶化。

- 教育体系排斥了残障儿童,而这种做法会成为这些孩子在余生中遭到社会排斥的主要原因。

思考要点

练习 1

访问平等和人权委员会网站:www.equalityhumanrights.com,并根据阅读 2010 年《平等法案》,了解你所在机构(雇主、大学等)的义务是什么。带着这些信息,思考如果一个残障者处于你的角色会存在哪些障碍,以此评估一下你的机构是否履行了它的义务。(如果你是一个残障者,则考虑一下对于另一个具有其他不同的无障碍需要的人来说,可能存在什么障碍)

练习 2

列举出在你的所在地对残障儿童的可获得的服务,并使用第一章所描述的福利的三种取向,即人道主义的、服从的和公民权的,判断和非残障儿童相比,这些模式是有助于还是阻碍了残障儿童得到公民权。

扩展资源

Roulstone, A. and Warren, J. (2006) 'Applying a Barriers Approach to Monitoring Disbaled People's Employment: Implications for the Disability Discrimination Act 2005', *Disability & Society*, 21(2):115-31.《**应用障碍模式检测残障者就业:2005 年〈残障歧视法案〉的内涵**》:本文对残障者被排斥于工作场所外(的情形)给予了一个社会模式导向的理解。

Thomas, P. (2004) 'The Experience of Disabled People as Customers in the Owner Occupation Market', *Housing studies*, 19(5):781-94.《**在拥有自主房屋市场中残障者的经历**》:讨论了残障者在试图购买他们自

己住房时经历的设计障碍。

融合教育联盟(Alliance for Inclusive Education)是一个由残障者领导的全国性倡议和信息分享的网络:www.allfie.org.uk/。

平等和人权委员会(Equality and Human Rights Commission)行使法定职能以促进和监督人权,并在 2010 年《平等法案》下,保护、实施和促进有法律保护特征的人们的平等:www.equalityhumanrights.com/。

终生之家(Lifetime Homes)展示出新的住宅如何都能足够灵活以适应个人和家庭变化的需要,那些需要可能是获得了损伤后出现的:www.lifetimehomes.org.hk/。

第六章 独立生活:脆弱性及保护

导　言

　　写到这里,本书已经对残障者的独立生活、选择和控制等内容大为提倡了。然而,专业人士和家庭的照顾者们也表达出他们的担忧,即,某些残障人士在没有支持的情况下管理自己的照顾服务包(care packages)时,会有受伤害的风险。这可能也是认为残障者应该得到保护和照顾的文化观的反映,而这一观念的产生是由于某些系统的作用,但是:

　　　　残障生活方式是无保护、无保障或无支持的,与损伤共存的儿童和成人总是只有较低的优先权,这些残障儿童或成人不论生活在何处,现在和过去总是遭到种种危险。(Clements and Reid, 2008: 8)

　　人们在提及居住机构里的人们遭受的忽视、身体虐待和性虐待,总是和学习困难人士和老年人有关。直到 2009 年,人们才开始收集国家级统计数据,《**英格兰脆弱成年人的虐待**》[(*Abuse of Vulnerable Adults in England*) 国民医疗保健服务信息中心/NHS Information Centre, 2011c]这份上述结果的报告,反映出通过地方政府已知的虐待报告情况。这份报告对虐待使用了如下定义:

　　虐待是指个体的人身和公民权利受到其他个体或群体的侵犯。虐待可能包括一次性行为或多次反复性行为。它可能是身体、语言或心理上的,它可能是一种忽视行为或不作为。它可能发生在,当一个脆弱的个体被劝说参加一场他/她不同意或不能同意的经济交易或性交易当中。虐待可能发生在任何关系当中,可能使当事人遭受重大伤害或剥削。(国民医疗保健服务信息中心,2011c:35)

统计数字不能作为确凿的事实,但是,它们透露了现在正在发生了什么。这个文件较好地提供了以下提示:它表明50%的虐待报告涉及肢体或感官损伤者,21%涉及学习困难人士;在年龄分布上,最大的受害人群是18—64岁之间(39%),第二大人群是85岁及以上人群(25%)。所涉及的女性数量多于男性,这个比例随着年龄的增长而增加,在族群中似乎没有统计学差异(已报告的个案中少数族裔所占比例接近他们在人口中的比例,达到11%)。在18—64岁的案主群体中,肢体损伤者报告性虐待的可能性最低,但他们报告涉及忽视、身体虐待、情感虐待和经济虐待的可能性最高。18—64岁的人声称在公共场合遭虐待的报告率最高。

在《残疾人权利公约》(CRPD)生效以后,联合国人权理事会特别报告员特别关注对残障者施加酷刑和其他残忍、不人道或有辱人格的待遇或处罚:

　　39. 在私人领域,残疾人尤其容易在家中遭受家庭成员、护理人员、卫生专业人员和社区成员的暴力和虐待,包括性虐待。

　　40. 残疾人面临在未经本人同意的情况下遭受医学实验、不可逆转的侵入性医学治疗的危险(如绝育、堕胎和旨在纠正或减轻残疾而进行的干预,如电休克治疗和包括神经抑制剂在内的心态改变药物等)。

　　50. 酷刑,是对人身安全和尊严的人权的最严重违背,以"无权力"为前提;在这种情况下,受害者受到另一个人的完全控制。

残疾人经常处于此种情况中,例如当他们在监狱中或其他地方被剥夺自由时,或当他们受到他们的照顾者或法定监护人的控制时。在特定背景下,一个人的特定残疾可能使他或她更可能处于依赖他人的处境,并使他或她更容易受到凌虐。但是,通常是外部情况使个人"无权力",如当一个人的作出决定的能力和法律能力被歧视性的法律或做法剥夺和被给予他人时。(Nowak, 2008:9)①

本章要考察的是对残障者伤害这一话题。人们在考虑成人社会照顾中特定的风险和保护之前,先要思考在更广阔的情境中残障者的脆弱性可能是什么,以及那些保护的需要从何而来。某些潜在威胁是外显的,其他的则是内隐的,例如媒体(对待残障者)的表现说明存在一种普遍观念,即,媒体认为残障者是对社会的消耗,认为在对残障者提供医疗保健和个人照顾上花费太多了。还有一种优生学观点认为,残障者对人类物种的基因库构成威胁,这就与种族主义的某些方面联系起来。这些负面的观点可能引起对残障者的轻视或敌视,尽管,下述情况不会立刻被认为是需要保护的问题,但是这些负面观点是会强化对残障人士的轻视或敌意的,它们都可能是使残障人士陷于脆弱境地的生活环境的一部分。

第一节　历史教训及其对今天的意义

一、优生和安乐死

长期以来,损伤人士生命的价值总是饱受质疑。在 20 世纪中期,

---

① 本段翻译直接采用了联合国人权理事会特别报告员《酷刑和其他残忍、不人道或有辱人格的待遇或处罚特别报告员的临时报告》(UN A/63/175)中第 39 条、第 40 条、第 50 条的中文翻译,网络链接为:http://daccess-dds-ny.un.org/doc/UNDOC/GEN/N08/440/74/PDF/N0844074.pdf? OpenElement,最后访问于 2014 年 8 月 10 日。该版本中将"disability"翻作"残疾",请注意。——译者注

这一情况骇人听闻地通过一系列事件表现出来,特别但并非唯一的,它通过纳粹德国第三帝国时期的事件表现了出来。通过鼓励最有能力和最强壮的人生育,并预防那些被认为有可能引起物种退化的人的生育,优生成为了一种保持人类物种"纯粹性"的哲学思想和实践。20 世纪中期,许多国家都使用了强制绝育,因为,人们认为这是预防上述退化的工具(Friedlander, 1995)。安乐死起初是指病人可以请求医生协助自己死亡,使死亡比自然发生时更快、更少痛苦。但是,在符合优生的理念下,这一安乐死含义和实践发生了改变。这一改变意味着,其他人可以判定病人是否在受苦,并允许家属和医生以减轻残障者痛苦为由,作出终止其生命的决定。人们还把残障者认为是无生产能力的和经济上的负担,那些被包含在大屠杀中的残障人士的标准,就是根据他们能够看得出来的劳动能力(情况):

> 人们指出,战争期间数不胜数的情况是,健康的人不得不放弃他们的生命,而那些严重患病的人继续活下来了,并将继续生存直到屠杀开始时,此外,护理状况和食物的情形都为屠杀这些人提供了正当理由。(Friedlander, 1995: 82)

在那个时期,残障者作为"无用的吃客"(useless eaters)而广为人知。

优生和安乐死并不仅仅发生在德国。在纳粹掌管德国之前,美国和欧洲的许多残障者已被隔离在机构中了,男人和女人要分开照管,许多人还被强制绝育(Lifton, 2000)。以美国为例,包括社会工作者在内的专业人士,都非常赞成社会规划发展中的优生理念(Friedlander, 1995)。在英国,理查德·蒂特马斯(Richard Titmuss)曾在伦敦政治经济学院参与创立社会工作教育,同时,他也是优生学协会(Eugenics Society)的重要成员,该协会使他在 20 世纪 30 年代成为知识精英。然而:

> 也有人认为,他在这场(优生)运动中持自由派立场,也在推

动协会抛弃旧有行为主义和遗传论的观点、鼓励协会成员重视营养和其他环境因素等的优生学意义方面发挥关键性作用。
(Welshman, 2004: 228)

在纳粹德国,人们要在决定是否将一个人驱出家庭并送往机构、而在机构中此人有可能会被强制绝育或遭杀害前作评估。这个评估与社会工作者所作的社会环境评估,在某些方面存在着惊人的相似(参见 Burleigh, 2000)。

德国的纳粹分子把残障者非人化(dehumanisation),其实并不是他们的首创,纳粹只是将这个想法用于他们自己的目的而已,而且,当时欧洲和美国的局势使得纳粹分子更容易实施他们的计划。而且,上述行为也并不是大屠杀第一阶段的一大步,即,在 T-4 行动(Aktion-T4)①中杀害了数以千计的残障人士。立夫顿(Lifton, 2000)感到震惊的是,那些过着平凡生活的医务人员成为了大屠杀的核心人物,他们一边实施这些罪恶至极的行为,一边又把这些行为与他们其他方面的生活分开。这场杀戮被伪装成对那些受疾病或损伤折磨的人实施安乐死(mercy killings):

卡尔·勃兰特(Karl Brandt)医生,(作为)T4 行动的主犯之一,他犯下了反人类罪,并与另外 6 人一同被判处死刑。然而,直到最后他仍然坚称该计划是一个善行。他说,"在下令'同意'(Yes)安乐死时我非常清醒,那时我这样做是因为我有一个坚定的信念,正如我今天仍然坚信的那样,那就是,这个行为是完全正确的。"(Crow, 2010: 24)

---

① Aktion 是德语,等于英语的 action,即行动。T4 行动是指纳粹分子针对重残病人的大屠杀,起于 1939 年 9 月 19 日希特勒向帝国元首府办公厅主任、党卫军卫生部门负责人下达消灭重残病人的命令,随后他们制订出一套系统的、主要依靠医疗单位消灭重残病人的计划。为保密起见,该计划的代号简称为 T4 计划,执行该计划的行动被称作 T4 行动。参见冯存诚等著:《正义之剑——全球追捕审判纳粹战犯史鉴》,中国海关出版社 2008 年版。——译者注

纳粹分子在针对犹太人及其他人群的谋杀前,他们的谋杀技术在残障者身上得到了磨炼:

> 至少 70 000 名残障者死于正式的 T4 行动,但是随后还有一个非正式的"野蛮安乐死"(wild euthanasia)时期,即,在遍布德国的相关机构中,医生个人使用饥饿、投毒、射击和电击等方式杀害大量残障者。最终,人们估计死亡人数为 250 000 人,但真实情况可能高于这个数据,因为,许多死于集中营的残障人士没有被计算在内。(Crow, 2010: 23)

在 T4 行动结束以后,杀戮仍然在其他机构中发生(Mostert, 2002)。法院对那些允许杀戮继续发生的人并非不同情,况且,很少有人被起诉(Crow, 2010)。

尽管,所有这些背景不像从前那样极端,但是它们仍然充斥在当今英国乃至全世界对残障者的文化和社会价值观中。就在写作本书之时,国家的福利制度正计划缩减领取残障救济金的人数以节省开支。令人担心的是,这类把残障者描述为负担的方式,加剧了残障者负面文化观念形成,这和 20 世纪早期有很多类似之处:

> 残障者被描述成了对社会是一种消耗,一种我们如今无力承担的沉重负担。这个看法不仅是一种侮辱,它也没有认识到残障者(Disabled People)对社会作出的巨大贡献。这些贡献是通过有薪劳动、志愿劳动、社会参与等方式实现的。这个社会中每 4 个人里就有 1 个人具有某种类型的损伤。我们真的会相信没有了这些损伤者后,社会将变得更加富裕。这让人想起历史上那些令人恐慌的记忆,不是吗?(南开普敦独立生活中心,2010)

芬克尔斯坦和斯图亚特(Finkelstein and Stuart, 1996)指出,损伤者受到的死亡威胁开始于胎儿时期。他们呼吁取消产前筛查,并指出胎儿的损伤不会对母体怀孕或生产带来额外的风险,胎儿未来的生活质量也不能作为堕胎的理由。相反,他们强调的是,对家庭支持的需要,儿童有权不因他人错误假设他们无力为自己负责而遭受过度保护,以及中止隔离式教育。

长久以来,残障者不断忍受着虐待以及其他形式的歧视,说明了对残障者的轻视和敌视从来都只是程度轻重的问题。

二、协助死亡

尽管,现在自杀在英国是合法的,但试图结果自己生命的行为通常要非常严肃地对待,也有很多措施阻止人们这么做,但这些并不总适用于残障人士。人们企图或实行自杀有多种原因,但在真正得以自杀的人里,绝大多数是无他人介入或预先知晓的。在英格兰和威尔士,1961年《自杀法》(Suicide Act, 1961)把鼓励或协助自杀或自杀未遂事件的行为列为违法行为,任何人试图这么做时都会面临最长14年的牢狱生涯。但是近年来,媒体和公众对那些具有严重疾病、感到自己的生活没有意义的人很感兴趣,并且人们对那些帮助前者死亡的人表示了不少同情。这些讨论和争议倾向于对长期疾病患者或残障者的人生价值、对导致人们走向自杀的因素等等采取消极假设。

尽管一些人承认,死亡的意愿可能受到较差的健康和社会照顾状况的影响,但人们并没有总在肢体损伤或有生命威胁等情况的人与他们能否得到恰当的支持之间建立联系。**死亡的尊严**(Dignity in Dying)是一个与此类议题相关的组织,他们声称支持改变法律以允许协助疾病末期患者的死亡,而不是针对长期疾病患者或残障者。该组织还要求推动社会照顾和个人照顾的改善(www.dignityindying.org.uk)。但**死亡的尊严**更为人所知的是与之相关的一些个案,例如黛比·珀迪(Debbie Purdey)案,她向法院申请许可,一旦她要求配偶为她提供死亡工具,她的配偶将不会受到起诉。尽管上述主张得到了多方支持,但法律始终未发生改变,协助他人自杀仍是违法行为。

众多媒体报道中反映出,在濒临死亡的人和具有肢体损伤的人之间存在一定的混淆。当一个自身状况不是生命威胁型的残障者表示他们想要得到协助死亡的服务时,人们通常不会询问残障者的支持如何匮乏才导致他去选择似乎比继续活着还好的死亡。那个想要死的人提出的要求,可能被看作一种常识了:

> 本周瑞士的一项重大进展是,总检察长(the director of public prosecutions)决定不对丹尼尔·詹姆斯(Daniel James)的家长就他们在尊严安乐死诊所(Dignitas)帮助他们儿子自杀提出起诉。那位年轻人在一场橄榄球事故中受伤瘫痪,他不断地对他十分不舍的父母重复他(想死亡)的愿望。身体的无能力,不能剥夺每个人自主选择结束人生的权利,如果他们选择这样做的话。(Toynbee, 2008)

尽管丹尼尔·詹姆斯并不是疾病末期的人,但总检察长(DPP)认为控诉协助他死亡的家长是无关公共利益的。当然,患上一种重大损伤必然会产生巨大的创伤,强烈的生活转变是无法避免的。但是,从一个社会模式视角看残障相关问题,能够发现诸如排斥、缺乏支持、隔离、缺乏同伴支持和歧视等问题在我们决定一个生命是否有存在价值时似乎没有得到考虑。我们在这里想要询问的是,年仅23岁的丹尼尔·詹姆斯是否与具有类似损伤的年轻人一起相处过,而这些年轻人中的许多人正过着充实且满足的人生;他是否还管理过自己的个人助理员,是否拥有过无障碍的家庭环境和交通设备。拥有这些事物能否使一个令人满足的生活成为现实可能,而如果没有它们,又是否会导致他的生活无法忍受呢?

托因比(Toynbee, 2008)似乎推定出,对协助自杀的顾虑有来自宗教方面的理由,他提到"我们能万事无虞地忽略相关法律吗?不,那些法令仅仅是受宗教启发的敕令结束后的新开始、那些敕令既残酷又不现实"(Toynbee, 2008)。这个发展路径完全没有注意到赞成**英国生活还在继续**(Not Dead Yet UK)的那群残障者提起的关切,这是一个由反对改变法律的人组成的无宗教立场的网络。这些残障者对他们在争取所需支助时必须事先证明他们对自己的需要表示忧虑,许多人感到为了不成为累赘,他们最终会被迫选择终止生命。加入到**英国生活还在继续**中的残障者们,敏锐地觉察到安乐死的有关历史,并且极度担忧任何试图改变法律的提议。

索比顿的坎贝尔男爵夫人——简·坎贝尔是**英国生活还在继续**的创始人。当她过去在医院住院时,医生曾经臆断她不想复苏,她为了确保自己能够获得积极的治疗,被迫为此申请了法律保护,她还曾经被迫保持了长达 48 小时的清醒以保证自己不被杀害(Campbell, 2003)。后来她写道:

> 可悲的是,社会仍然把残障者当作他们自身疾病或诊断结果的悲剧性受害者。在我的状况中,我毫无尊严可言,因为我需要别人帮我完成所有生理性任务。对我而言,听到这样的评论不足为奇:"我宁愿去死,也不愿像那样活着。"这些看法既可能出自医疗专业人员,也可能出自其他任何人。说到底,医疗人员是社会中很典型的一群人,跟其他任何人一样,都受制于有关残障的相同影响和负面刻板印象。
>
> 摆脱这些刻板印象的束缚,不把它们作为事实,需要惊人的力量。我们中有一部分人是非常幸运的,他们有能力去质疑这些假定。但停下来思考一下:如果我无法为自己发出声音,如果那天晚上没有伴侣或照顾者为我的生存权作斗争,情况会变成怎样?

(Campbell, 2010: 13)

艾莉森·戴维斯(Alison Davies)也是**英国生活还在继续**网络的成员;她曾长达 10 年都在盼望死亡,并且作出了若干次试图自杀的尝试,直到她发觉生活中还有一些值得活下去的东西:

> 有时候,人们说要求死亡的那些人就是在行使他们"选择的权利"。但问题在于,那些人由于支持系统的缺失发觉他们自己

是"别无选择"的。并且,他们当然不仅仅是在为自己作"选择"。说死亡对部分忍受痛苦者而言是最佳选择,这是把价值判断强加到所有残障者或疾病末期患者身上,并认为死亡是解决痛苦体验的一种合法方式。比起杀死那些忍受痛苦的人,我们其实可以为他们做得更好,但合法化医疗死亡(medical killing)会对帮助我们生活下去的社会照顾和姑息治疗的未来发展带来消极影响。

一旦法律确定引起死亡作为"减轻痛苦"的方式是可接受的,那么任何病人或残障者都将处于不安全的境地了。(英国生活还在继续,2011:来自网络)

社会工作者可能会遇到正在考虑请求协助死亡的残障者,这时社会工作者需要确保残障者已经得到了过上充实生活所需的全部支助。社会工作者需要牢记,在筹备支持性死亡情况出现时,人们往往只关注到医疗状况,而彻底忽略了诸如歧视、缺乏过上充实生活所需要的其他支助等问题了。同伴支持是个关键,独立生活中心的作用也非常有价值。

社会工作者还必须清楚的是:

根据1961年《自杀法》第二节,当他或她实施一项能够鼓励或协助他人自杀或自杀未遂的行为,并且这项行为意在鼓励或协助自杀或某种自杀企图,这个人就是违法了。[皇家检控署(Crown Prosecution Service),2010]

社会工作者尤其需要意识到,在下列条件情况下,他更有可能遭到起诉:

(14)犯罪嫌疑人以医生、护士、其他医疗保健专业人员、专业照顾者(无论是否收费)或政府工作人员(如监狱官)等身份行事,而受害者是他或她照顾对象;[皇家检控署(Crown Prosecution Service),2010]

尽管没有明确针对社会工作者的指南,但英国医师协会(British

Medical Association, 2010: 2)面对病人要求的应对指南,也可提供给社会工作者使用:

英国医师协会(BMA)①建议医生应避免任何可能被理解为协助、提供便利或引起某种自杀尝试的行为。这意味着医生不应:

- 向病人提供有关致死剂量构成的信息;

- 向病人在蓄意过量时,给病人提供有关抗呕吐药的信息;

- 建议病人到国外自杀;

- 在医疗报告中为协助病人到国外自杀提供便利;以及

- 为任何其他的自杀计划提供便利。

第二节 机构虐待

前文已经提到,住宿设施往往是残障者所能得到的唯一选择,社会或许认为这是一个安全的地方,但实际上并非总是如此。尽管1948年《国家救助法案》随后作了修订,特别是1990年《国民医疗保健服务和社区照顾法案》对这一部分进行了修订。尽管,今日人们为了履行这项职责,大部分此类服务必须向私营部门(private sector)和志愿部门(voluntary sector)采购。但是,提供住宿设施这一法定职责仍旧保留在前法中了。1948年的法案确定起慈善机构参与此类服务供给的强有力的历史传统,因此,允许地方政府根据意愿将他们的权力委托给经许可的慈善机构。一些地方政府部门就是这么做的。济世之家(Cheshire Homes)是为残障者提供住宿设施规模最大的机构,现更名

---

① BMA是英国医师协会(British Medical Association)的简称。翻译参考[英]托尼·史密斯、休·戴维森著:《英国医师协会最新版家庭医学顾问》,赵宁等译,河南科学技术出版社2004年版。——译者注

为隆纳济世助残(Leonard Cheshire Disability),①它包括了将近一百个遍布全英国的住宿之家。近来,私营部门也有所发展。

我们再次回首 20 世纪 70 年代,看看肢体损伤者反对隔离联盟(UPIAS)的一个成员对于院舍的看法,当时联盟中的很多人都生活在这类院舍中:

> 在住宿机构中需要忍受残忍、卑劣的羞辱、生理和精神剥夺等痛苦,在机构中孤立和隔离达到了极致,揭露出这个社会与具有肢体损伤的社会成员之间实质上的一种压迫关系。一如在大多数类似的地方,如特殊学校,机构中有一些工作人员和志愿者正在尽力帮助那些住宿者(residents)。但是他们的努力被隔离机构的基本功能彻底地压制了,机构的功能是看管成批的残障者,并且在看管过程中令残障者相信,对他们而言,充分参与社会并赢得一个好的生活的期望是不切实际的。(肢体损伤者反对隔离联盟,1975: 3)

一些参与肢体损伤者反对隔离联盟(UPIAS)的人住在一个济世之家中,他们要求对残障者在住宿机构中的生活情况进行调查研究。这项调查由米勒和格温一同开展,他们在 1971 年发表了研究成果。他们报告说:

> 把人送到此类机构的真正事实在于,本质上社会已经把这些人界定为社会性死亡了,那么接下来的基本任务是,帮助这些住院者(inmates)完成由社会性死亡到生理性死亡的转衔过程。(Miller and Gwynne, 1972: 89)

进入 21 世纪以来,许多残障者担心由于他们无法获取他们要求的支持,以致最后只能终老于"住宿之家"(in a home),并且将丧失自主性和隐私。生活在机构或参加日间照料中心,都在相当自动地强化了

---

① 译名引自塔尼亚·巴伦:《全纳教育:隆纳济世助残在亚洲的助残思路》,网络链接为:http://www.cdpf.org.cn/special/2012luntan/site43/20120614/0013025e890f1144221316.pdf。——译者注

残障者的无就业能力(unemployability),并逐渐向他们灌输恐慌意识。这类机构(住宿之家)操控了住院者的生活,最近他们开始使用"住宿者"这一称谓。住宿者的行为遭到限制,住宿者对饮食和睡眠时间的选择权被撤销了(一些机构比另外一些机构要严重),选择想要和谁待在一起——或同样重要地、**不**和谁待在一起的权利通常也没有了。机构里的种种做法,会使所有参与其中的人变得麻木,不再理会人身自由被限制的微妙方式,以及这些方式如何不可避免的虐待性。人们不再理会那些为了要一杯水或协助前往卫生间而漫长等待的人,或者那些被安排在没有任何外界刺激的环境下枯坐数小时的人,或者那些被安排到与不喜欢的人相邻的位置上的人,剥夺了住宿者外出、进行社交或结交新朋友的机会:

> 无力感是住宿照顾经历的特色,机构化的本质甚至影响到我们这些没有接受住宿照顾的人。入住机构的可能性威胁到了许多生活在我们自己家庭中的残障者,火上浇油的是,残障者担心那些使他们能够维持独立性的支助将消失,或者随着功能限制的加剧,他们所需要的资源将被社会认为是无法承担的。(Morris, 1991: 127)

残障者在机构中的痛苦生活经历已经得到了国际社会的重视,联合国人权理事会特别报告员关注到,虐待在机构中是家常便饭,但却没有被意识到是虐待:

> 特别报告员提请大会注意残疾人的处境,他们经常受到忽视、严重的限制和隔离以及身心方面的暴力和性暴力。他担心,这些发生在公共机构和私人场所的行为仍未被留意,没有被看作是酷刑或其他残忍、不人道或有辱人格的待遇或处罚。(Nowak, 2008: 2)[1]

---

[1]　本段翻译直接采用了联合国人权理事会特别报告员《酷刑和其他残忍、不人道或有辱人格的待遇或处罚特别报告员的临时报告》(UN A/63/175)中第2页的中文翻译,网络链接为: http://daccess-dds-ny. un. org/doc/UNDOC/GEN/N08/440/74/PDF/N0844074. pdf? OpenElement,最后访问于2014年8月10日。该版本中将"disability"翻作"残疾",请注意。——译者注

然而,就在写作本书的时候,一些政府议案试图删除生活在机构中的残障者的残障生活津贴(或替代它的个人独立金)中的出行项目,这一做法只会加重机构中残障者的痛苦。

如果不是没有可能的话,一旦进入隔离设施,再想从中脱身就十分困难了。正陷于困境的安娜·麦克诺顿(Anna McNaughton)过去曾就读于一所特殊学校,后来,在二十多岁时进入了隆纳济世助残的住宿之家。她所住的住宿之家建立了一些(社区)网点,但并不在地方政府资助她的区域里。如果她要搬回在同一区域内的自己家的话,那么资助她的地方政府将会终止对她的资助,而新地点的地方政府又以这不是她的平常住所为由,拒绝提供任何资助。安娜具有相当严重的肢体损伤,她说,"如果我可以搬进我自己的住所,我会在作更多什么对自己是最好的决定时,感到更独立。我会真正地为自己骄傲"。(Salman, 2010)

布伦登和阿什(Blunden and Ash, 2007)指出,由于现有指导过于含糊,以致许多残障者陷入此种处境,也就是说,大量金钱都被花在了他们并不愿意住的机构中了:

> 在寻求解决这类纠纷的过程中,大把的钱都浪费在了行政成本和诉讼成本上了。一些案例中,人们被阻止改用更为廉价的照顾形式或独立生活方式。这些纠纷引起了无数的痛苦,同时也浪费了几百万英镑的公款。然而,解决这些问题本不需要花费任何税金;事实上,它反而能够节省财政资金。因此,上述情况反映出国家官僚体制在许多方面对残障者的盲目歧视以及对残障者人权的侵犯。(Blunden and Ash, 2007: 6)

所以,即使是我们在考虑任何个体虐待案例之前,我们也能看到虽然住宿机构经过了多年的改进,但是它在本质上仍然是压迫性的。将残障者陷在机构中,拒绝让他们过上个人的和家庭的生活,这就是国家实施的一种虐待行为。一如被安置在机构中的儿童极易遭受虐待,成年残障者也早已成为殴打和其他仇视行为的受害者,而社会却没有认为这些行为是非法的。

> 《残疾人权利公约》……最近生效,及时提供了审查涉及残疾人的反酷刑框架的机会。把对残疾人的暴力和伤害重新定为酷刑或虐待,受害者与支持者就可以获得更有力的法律保护,为人权受到侵犯而得到赔偿。(Nowak, 2008: 2)①

正如前文已指出的,关于残障者遭受虐待的统计信息很少,但关虐待的转介数据(国民医疗保健服务信息中心,2011c)显示,32%的宣称受到虐待的案例发生在住宿机构或照顾之家,相对而言,有38%的案例发生于私人住所。与此同时,24%的转介案例宣称施虐对象是社会照顾工作人员。肢体损伤者遭到另一个"弱势对象"施虐的可能性最高(国民医疗保健服务信息中心,2011c: 9)。已有数据显示,将近230 000人生活在照顾机构或护理之家(国民医疗保健服务信息中心,2010),而大多数残障者生活在家庭当中,由此可见在院舍中受到虐待的可能性更高,在社会照顾设施中接触到另一个"弱势"成年对象的可能性也高于在家庭环境中。这就提出了一个疑问,与残障者管理对自己的照顾相比,他们进入照顾设施中是否真的更安全吗?

第三节　仇视性犯罪

"仇视性犯罪"(hate crime)一词常与"种族"、宗教信仰和恐同攻击一起出现而为人所知,最近它也开始被用于针对残障者的攻击之中。

---

① 本段翻译直接采用了特别报告员《酷刑和其他残忍、不人道或有辱人格的待遇或处罚特别报告员的临时报告》(UN A/63/175)中第2页的中文翻译,网络链接为:http://daccess-dds-ny.un.org/doc/UNDOC/GEN/N08/440/74/PDF/N0844074.pdf? OpenElement,最后访问于2014年8月10日。该版本中将"disability"翻作"残疾",请注意。——译者注

皇家检控署作出如下界定：

> 任何被视为基于对受害者的歧视或仇视，而这是因为受害者的残障问题或被受害者或他人理解为由于残障问题引起的暴力事件。（皇家检控署，2006：10）

尽管和残障者有关的攻击记录数量远远低于其他群体，但是，这并不意味着残障者受到的攻击较少，而是人们没有意识到这些攻击应当被记录或认定为仇视性犯罪，即便残障者报告了也是如此。这里问题的复杂之处在于，存在一种认为残障者是"脆弱的"观念；人们认为如果一个攻击被认为是受到脆弱性看法的驱使，那它被认定的罪行相对要低于一个出于仇视动机的攻击：

> 然而，不是所有发生在残障者身上的犯罪都是针对残障的仇视性犯罪（disability hate crime）。一些罪行的发生是由于犯罪者认为残障者是脆弱的，而不是因为犯罪者厌恶或憎恨残障人士。（皇家检控署，2006：9）

罗尔斯登等人（Roulstone 等，2011：356-7）指出：

> 吊诡的是，虽然人们已经建立起力量打击仇视的、针对残障的（disablist）犯罪，但是那些动机被认定为感知到残障者的"脆弱性"而非仇视的犯罪，而仇视性犯罪通常又被排除在外了。尽管保护措施有明确要求，但令人担忧的是脆弱性会削弱残障者获得法律救济的权利……如果我们不认为脆弱性、怜悯、悲剧都是出于善意的假设，并且与歧视、偏见、敌视、憎恨决然不同，我们就要开始审视针对残障的"仇视性犯罪"政策及法律体系了。

对于残障仇视性犯罪还没有什么正式的研究。但是，一个对英格兰西北部残障"仇视性犯罪"的集体反应和感受的研究，能够很好地描绘出处理针对残障的仇视性犯罪所存在的挑战。作者们指出，令人沮丧的是（对调查的）应答率仅为 10%，但是，他们认为这可能是一种信号，反映出许多地区在报告仇视性犯罪方面基础结构薄弱，许多来自第三方报告中心的工作人员也无法识别针对残障的仇视性犯罪。人们不愿意上报仇视性犯罪,还可能是因为这需要"残障者把自己定义为法律意义上的被仇视的对象,这在一个常常轻易给人带来障碍的文化中是需要很大勇气的"(Piggott, 2011: 32)。

托马斯(2011)考虑到缺少研究表明残障者遭受攻击的数量,就使用了今日残障(Disability Now)网站中有关残障的"仇视性犯罪"的档案信息。这些信息包括了对 51 件敌视残障者的暴力事件的简要描述。其中,具有肢体损伤者居多(31 人),其次是具有学习困难的人,人数为 13 人(今日残障,2010:来自网络)。此外还包括经由媒体报道的 2 个暴力事件,受害者均死于有针对性的攻击。这 53 个暴力事件(其中一个事件包括 2 个人)显示:

> 警方仅把 2 个暴力事件作为"仇视性犯罪"处理了,在 10 个案例中人们被描述为脆弱的人。涉及死亡的暴力事件有 13 件,其中 5 件是谋杀,1 件是过失杀人罪。还有盗窃事件 27 件,袭击事件 23 件。有 14 个攻击事件被指出是早前发生的相同攻击事件的后续。有 10 人从轮椅或小型摩托车上被推下来。9 名犯罪者是"朋友"或亲属,这类案件最有可能涉及的是和具有学习困难人士有关的事件。具有学习困难的人似乎最有可能死亡、被盗窃和劫持,轮椅使用者则有可能在轮椅中被推倒和遭到盗窃。(Thomas, 2011: 107)

目前,人们对于针对残障的仇视性犯罪的动机还未充分了解,但正如前文所指出的,认为残障者过的是无意义生活的观念似乎起到了一定的作用(Gallagher, 1990; Clements and Read, 2003)。克劳(2010)把 20 世纪中期的优生、安乐死与当今议题关联了起来:

> 在一个针对残障者的仇视性犯罪不断增长的时代和一个仍然存在许多物质屏障和歧视的社会中,它看起来是无法阻挡的。产前筛查和针对损伤胎儿的堕胎日益增多,以及仓促地推动使协助

自杀合法化的进程,催生了针对残障者生命价值乃至其存在权利的质疑。(Crow, 2010: 24)

官方统计(国民医疗保健服务信息中心,2011c)显示,大约90%的虐待个案由专业人员上报,而由家庭成员、邻里朋友或自我转介的个案仅仅有10%左右。由于某些人不为社会服务系统所知,因此,这些人自我转介的可能性确实很小。

"仇视性犯罪"一词能够概指各种含有敌意的暴力事件;陌生人或认识的人都可能实施对残障者的攻击,这和种族歧视或恐同的暴力行为相类似。但残障者遭受的敌意可能来自那些与他们有非常亲密关系的人。托马斯(2011: 108)对仇视性犯罪和同伴犯罪(mate crime)进行了区分。

"仇视性犯罪"是由"外部人士"(outsiders)实施的暴力攻击,他不是残障者的家庭户成员,或者他进入残障者的家庭纯粹只是为了实施这场攻击。犯罪者和残障者之间没有任何关系或只有极少的关系,他们可能居住在同一个区域,但没有互惠的约定或相互依赖的关系。残障者确实也不愿接受任何可能存在的关系的任何一部分。这些(攻击)可能是随机发生的攻击,也可能是长期反复、持续的攻击。

"同伴犯罪"是由"内部人士"(insiders)实施的仇视行为,他们一定程度上共享着家庭生活,存在一种相互关系。残障者可能依赖这个关系,尽管他们希望结束这种敌视行为,但又渴望着陪伴以及成为家庭或团体一分子的感觉。这些处境不是随机发生的,而是早有预谋的。处在这个情境中的残障者不太可能向警方或其他部门提出控诉,因为他们认为对方是自己的朋友,他们也可能认为这种暴力行为是正当的。

有时残障者会与那些虐待他们的人一起生活或者与其"结交朋友"(befriended),在这种情况下,敌视行为几乎无法辨别,虐待可能发生在某些社会工作者看来残障者受到了非常好的照顾的情形中。只要照顾者和伪朋友们愿意，他们就可以轻易地控制：

- 残障者在何处居住；

- 残障者与谁一起居住；

- 残障者何时上床睡觉或起床；

- 残障者何时使用卫生间；

- 残障者穿什么；

- 残障者能否外出；

- 残障者可以与哪些人成为朋友，能否与他们联络以及何时联络；

以及/或

- 残障者吃什么和什么时候吃。

他们可能通过下列事项控制残障者的行为或对其进行惩罚：

- 刻意将辅助器具或其他物品置于残障者接触范围之外；

- 故意把家搞得有障碍；

- 阻碍个人照顾；以及

- 阻碍药物治疗。

他们可能利用残障者为自己谋利，包括：

- 冒用蓝色停车标识；

- 将残障者代步车挪为己用，而残障者并不能真正使用它；

以及/或

- 申领护理者补贴，但并没有给残障者提供实质的支持。

在通常情况下，人们不会认为上述行为是犯罪，它们能够轻易地在毫无争议的情况下发生，暴力行为亦是如此。然而，这些行为都反映出了一个人向另一个人施加控制的权力。这些行为都是由普通人在平凡的家庭中实施的，对于实施者、残障者本人或其他人而言，大家可能都不会认为这是不合理的行为（Thomas, 2011）。

社会工作者需要对针对残障的"仇视性犯罪"有所警觉，可识别它并对残障者有所保护。但是这样做并不容易。即使那里发生了一个明显的敌视行为,对它的认定也是极其复杂的,残障者会发觉他们获取所需支助或人际关系的环境,将导致他们陷入充满敌视和虐待的处境。

第四节　对残障儿童的虐待

　　尽管,人们对有关非残障儿童(non-disabled children)的虐待问题一直非常关注,但是,残障儿童在儿童保护中仍然很大程度上遭到了遮蔽,直到最近(情况才有变化)。在过去的十多年中,残障儿童遭受虐待的特殊脆弱性成为:(a)保护服务的关注点[首席督查员(Chief Inspectors),2005],(b)列入许多社会服务部门的保护程序当中,(c)欧洲委员会关注的议题(Brown, 2003),以及(d)收录到主流儿童保护教材中,如《**儿童保护手册**》(*The Child Protection Handbook*)(第三版)中基特森和克劳森(Kitson and Clawson, 2007)所写的一章。

　　一些作者(Brown and Craft, 1989; Kennedy, 1989; Kelly, 1992; Marchant and Page, 1992; Middleton, 1992; 1995, 1999; Westcott, 1993; Westcott and Cross, 1995; Morris, 1997b, 1998, 2002; Read and Clements, 2001)早已对这个问题进行了讨论,他们指出残障儿童不仅面临较高的受虐风险和较高的离家生活可能性,而且,还有一些其他形式的虐待是专门针对他们的:

　　　　离家生活的残障儿童具有特殊的脆弱性。除了处在住宿设施中的儿童同样面临的风险因素外,残障儿童还要面对特定虐待形式的风险,这包括用药过度、喂养很差和如厕安排,对挑战性行为控制等问题,以及缺乏激励、信息和情感支持。(NSPCC[①], 2003: 23)

---

　　①　即全英防止虐待儿童协会(National Society for the Prevention of Cruelty to Children)的简称,网址为:http://www.nspcc.org.uk/。——译者注

在儿童保护中,有三个非常关键的议题和残障儿童高度相关。首先,过去的儿童保护服务忽视了虐待问题,究其原因,或许是因为人们没有认识到虐待有可能会发生;或许是因为过去的服务是为家庭所准备的,而错过了发生在寄宿学校中的虐待;或许是因为对残障儿童施虐的行为被当作家长在高度紧张之下作出的正常且可以容忍的反应;还有可能是因为社会工作者缺乏适当的沟通技巧。

其次,通过教育系统,对残障儿童的机构化。这不仅容易导致他们遭受非家庭成员的虐待,也使残障儿童无法享有与其他儿童同等的主流社会角色。此外,无论主流学校还是隔离学校都存在校园恃强凌弱现象(bullying)(首席督查员,2008: 31)。

最后,通过诸如引导式教育等活动,人们把非残障的正常化观念灌输进来,而这种残障的心理情绪的后果,也可以形成某种形式的身份虐待。如今,尽管保护机构对残障儿童受虐的认识得到了改善,但长期受到残障个体模式支配则可能意味着社会工作者仍然无法将残障儿童与非残障儿童同等对待。米德尔顿(1995: 70)指出,儿童保护研究倾向于将儿童虐待概念化为一种由社会建构出来的现象,反映了某种社会价值观。如果这完全正确,那么官方在处理残障儿童受虐问题上的失败,就反映出一种对残障儿童福利的关注的文化缺失。只有当我们认识到社会应当平等对待残障儿童,他们才有可能得到更好的保护。

本节旨在强调那些影响残障儿童的最相关的问题,并提出社会工作、政策界和法院对此回应中社会模式的意义。过去,这些机构倾向于认为上述虐待是不可信的,或者是残障儿童幻想出来的。

莫里斯(1997b)回顾了把残障儿童安置于寄宿学校或照顾之家类的相关文献,她发现社会服务部门可能是把这类安置当作了避免介入儿童照顾事务中的一种方式,而那些情况可能已包含了许多对残障儿童施虐的案例。这不仅反映出对儿童个体的歧视,而且在制度层面,它对残障儿童的回应与对待非残障儿童的回应具有本质上的不同。米德尔顿(1995)指出,社会工作者必须把应对儿童虐待问题作为反压迫实务的一部分,打破人为的制度瓶颈,但这不是要分化儿童和家长的利益,把一方看作受害者而另一方完全是坏人。然而,儿童保护服务也总是面临着自己的政治性的或操作上的问题,这些问题经常对纳入残障议题带来负面影响。

这里要谈的最后一个话题,是有关情感虐待和对自我认同否定的。积极自我认同的发展,对于个体寻找自身价值并主张与他人同等的公民权是非常必要的。人们对引导式教育实践早有争议,并且它长期以来一直是争议的主题(Beardshaw, 1993; Oliver, 1993),尽管如此,它也为情感虐待对残障儿童的身份认同而言意味着什么提供了一个有力的例证。

引导式教育问题多是在于,它旨在训练人们(残障人士)服从对于常态的非残障定义,它的规则很折磨人,没有给儿童或家庭留下多少时间或精力来享受生活的乐趣,并在过程中贬低多样性的价值。同样的,当人们为了避免先天性失聪儿童(Deaf children)学习手语,把他们送到那些只允许阅读唇语的特殊学校中,这样做就否定了先天失聪儿童成为某一语言文化的一部分的权利,同时这些儿童还被期望遵守听觉规范。莫里斯(1992: 6)描述了自尊对残障者的意义:

> 当一位母亲表示,"尽管"孩子有残障但她爱自己的孩子,实际上这是在表示她确实不爱孩子残障的那一面。当痉挛协会(Spastics Society)竭力向公众主张"要见人而非轮椅"(see the person and not the wheelchair)时,实际上是要求公众忽视某些对我们体验而言十分重要的一些事情。当我们的成就得到如"克服种种不利"的喝彩声时,实际上是否定和贬低了我们残障的那一面。

> 把我们当作人来尊重,不应意味着忽略那些使我们变得与众不同的身体问题。我们在维护我们自身权益的同时,也希望为自己感到自豪。要做到这一点,除非这种自豪和我们与众不同的方

面融合在一起,否则无法实现。

在一个受个体模式主导的社会中,没有任何损伤才被视作正常,任何偏离这个规范的人都很难发展出一种积极的自我认同,因为他们被当作不正常的人对待了。然而这个问题已经成为残障者努力移除他们所面临障碍的一个重点,而且这与克服功能意义上的困难大不一样。儿童期是人生的成长期,如果在这个阶段中人生价值受到贬抑,那将对他在当下和未来的成年期产生深远的影响。通常,人们认为情感虐待严重性不如其他虐待形式,如身体虐待、性虐待和忽视,但在一个贬抑损伤的社会中,它的发生率又非常高(Reeve,2004),因此它应该是支撑残障儿童社会工作的重要事项,无论是在儿童保护方面还是在其他方面。

第五节　风　　险

社会工作者需要对来自其他方面的虐待风险保持警惕。从事保护服务的人往往难以相信,在他们眼中完全是处在弱势地位的成年人和儿童,也可能成为施虐者的目标,尽管已有证据显示施虐者会利用这种脆弱性。这反映出一种社会规范,即,把残障视为个人悲剧,只看到残障者需要帮助和援助的一面,而没有看到残障者与非残障者一样存在潜在风险的那一面,而且,残障者面临的潜在风险可能更甚。

另一种风险来自于一种主流意识形态,它把残障者视作一个施加给原本幸福家庭的沉重负担,而家长与照顾者表现出的不耐心等小差错或许是可以原谅的。因此,社会工作者作为福利体系的代言人,可能对残障者受到的许多虐待持容许态度。毫无疑问,这源于他们对残障者的看法没能跳出依赖者和问题制造者的范畴,从这个问题的根源中也可以看到,一部分社会工作者与他们的机构串通一气,没能为残障及其家庭提供恰当支持。

还有另一种风险是,许多虐待可能本身没有得到承认。例如,粗鲁地对待需要个人助理的成年人或儿童,无法保证所需辅助人员及辅助器具的匹配性,或者没能确保这些辅助人员及器具随着儿童的成长而发生相应改变。人们没有把这些都看作虐待形式,而是重新建构为对残障者的治疗,反映出个体模式对残障的医学化。

在某些案例中,出现问题是由于儿童或成年人保护服务无法和许多残障者沟通。其中既有缺乏沟通技巧的情况,如手语,也有因为是用非残障文化视角来解释包括虐待在内的一切社会生活的倾向。在整个福利体系乃至全社会中,沟通问题只被作为那些不能说或无法听的人的个体问题,而不是社会未能包容其他沟通系统的问题。其结果是,残障者往往无法给出证据,甚或无法被他人聆听。

最后,正如前文所提出的,虐待或被视为一种可以接受的解决行政管理难题的方法。例如,许多儿童被送到寄宿式学校或被安置在寄养家庭里,而成年人被送到住宿之家,这些人很可能随后在那些地方遭受虐待。由于其他寄养父母或主流学校不愿意接纳残障儿童,这类资源可能非常稀缺,因此,对于社会服务来说,额外的问题是为一个需要被转移的儿童寻找一个合适的安置点,而这个问题的重要性超过了虐待问题。尽管从行政角度看,这可能是一个最有利的选择,但在儿童照顾的话语里,它不属于儿童的最大利益。缺乏无障碍住宅和成人、儿童居家支助,也导致各个年龄段的残障人士陷入脆弱处境当中。

这些对损伤成人和儿童的反应,表现出社会工作中个体模式的深刻影响。社会服务机构的制度结构以及社会工作者的文化信念,都有可能在对待各个年龄段残障者的适用工作取向方面产生不利影响。然而,上述问题不仅仅是一种不恰当的反应,也可能是一种相互勾结的结果。

到目前为止,本章已呈现出一幅残障者遭受虐待的异常消极的景象,然而这些都非源于残障者自身,而是由于社会及其文化和系统所致。这既是改变需要发生改变的地方,也是保护措施需要着力之处。然而,限制条款倾向强加于残障者身上,以使其免受风险。专业人员和家属担心个性化议程对残障者来说太冒险,因而在残障者身上设置了限制条款,拒绝了残障者对选择、控制和享有生活的要求。这些问题的解决不能单单只靠政策的改变,同样重要的是,它还要求对残障的理解文化作出改变。这种文化改变的实现,只能依靠质疑这一文化基础所在的以及许多社会工作者和机构所依赖并将其内化的那些假设了,否则它们还将继续对那些追求好的实践的人进行限制。

个体风险是生活中无法避免的组成部分,但它通常被一个行为的积极方面抵消掉了。例如,交通事故的潜在风险并不能阻挡人们使用私家车,因为他们可以从中获益。然而,人们拒绝在残障者身上作这种利益和风险的抵消,残障权利委员会(2006: 1)指出"没有什么能阻碍我们暴露于风险之外,——我们的自由、成本、效率、真相或者看似可笑的事情都不行"。他们还指出:"如果残障者要成为平等的公民,那么'风险'这一问题对他们生活各方面的伤害都要受到挑战。"(2006: 6)

而且,卫生部(2010a: 6)早已指出,如果人们的生活不受他人控制,那么他们面临的风险将减少而非增加:

> 那些可以选择和控制自己的支持系统、与家人和朋友经常联系、保持活跃和健康的人,他们受虐待风险要低于那些被隔离并依赖服务的人。有些残障者的生活中往往是有其他人存在的,而这些人能够注意到并对任何原因导致的虐待都能给予反应。

保证个性化(personalisation)在社区情境中恰当地实施,是一个保护个体的很好方式。如前文所讨论的,社会工作中需要发生文化转型,以允许残障者拥有选择和控制,这就包括认可残障人士能够承担风险:

> 风险管理是与使用服务的人一起工作,以便探明他们愿意承担的风险等级。这需要工作人员发生文化转变,包括改变对风险

的理解、管理和协商方式。真正做到以人为中心的工作方式，可以避免制造假设的风险。它鼓励人们思考个体所在的特定情境和曾经遇到的问题。在设计支持系统时要与个体相称，而安全仍是目标之一。（卫生部，2010a: 8）

除非人们已经作出各种可以支持残障者作出决定的尝试，结果还是证明残障者没有能力作决定，否则人们就应当假设残障者能够对风险作出判断。这是 2005 年《意识能力法》（Mental Capacity① Act, 2005）和《残疾人权利公约》第 12 条的一致要求。"缔约国应当确认残疾人在生活的各方面在与其他人平等的基础上享有法律权利能力。"②（联合国，来自网络）

当个人确实需要帮助以判断风险是否与收益成比例且可以抵消时，这种判断可以（在支助下）共同作出，且丧失独立性的风险必须被摆到优先考虑的位置。一个人即使作出一个很小的决定，也会使他发生巨大的变化，他不应被某些认为他们知道的是更好的那种人给过度统治了。

社会工作者需要证明他们合理地平衡了风险，而且记录下各项决定是如何产生的非常重要，这可以作为书面证据。

本章小结

● 残障者遭受虐待的历史很漫长，而文化和社会体系默许了这一

---

① Mental capacity：意识能力。行为人对自身行为的性质及后果的认知程度，是衡量一个人智力、理解能力、记忆力和判断能力的标准，是行为人对自己行为的后果承担刑事和民事责任的条件。遵从薛波主编《元照英美法词典》上的词条的解释，北京大学出版社 2013 年版，第 908 页。——二校注

② 《残疾人权利公约》，联合国全体大会，2006 年 12 月 16 日通过（A/RES/61/106），中文版网址为：http://www.un.org/Docs/asp/ws.asp?m = A/RES/61/106，最后访问于 2014 年 7 月 27 日。本翻译过程中对直接引用的部分都是直接使用的作准中文版的翻译，该版本中将"disability"翻作"残疾"，请注意。——译者注

切的发生。

- 风险是每个人日常生活的一部分,应对风险需要特定的保护措施。
- 风险及保护措施必须与某些人生选择的相应利益相平衡。
- 保护措施需要关注到虐待的社会性和文化性原因。
- 保护措施不应剥夺残障者自由地享受生活并成为社区成员的潜力。
- 社会工作者需要和残障者一起工作以找到合适的平衡点,还需要充分记录下各项决定的产生过程。

思考要点

练习 1

通过网络搜索媒体对"安乐死"(mercy killing)的报道,可能发现的情况是协助自杀或家庭成员杀死残障亲属,且不论残障者主动要求或未提出要求。你需要记录找到的报道并分析该报道是否公平。那些由具有肢体损伤的残障者提出的、认为不应改变相关法律的意见,是否得到了充分的报道?

练习 2

你用两周的时间观察媒体呈现残障者的情况,包括报纸、杂志、电视、广播、剧院、电影院等。对你的发现做笔记,并且考虑它们是会促进对残障者的尊重,还是会加剧对残障者的轻视。

扩展资源

Department of Health(2009)*Safeguarding Adults-Report on the Consultation on the Review of 'No secrets*:*guidance on developing and implemen-*

ting multi-agency policies and procedures to protect vulnerable adults from abuse'.《回顾"拒绝秘密：发展和实施多部门政策及程序以保护脆弱成人免受虐待的指南"的成人保护咨询报告》：本报告描述了咨询过程并分析了各种回应，但政府回应未被包含在内。

Roulstone, A., Thomas, P. and Balderston, S. (2011) ' Between Hate and Vulnerability: Unpacking the British Criminal Justice System's Construction of Disablist Hate Crime', *Disability and Society*, 26(3)：351 – 64. 《仇视与脆弱之间：解读英国刑事司法制度对于针对残障的仇视性犯罪的建构》：本论文研究了在组织层面对残障歧视的、恐惧同性恋的及恐惧跨性别的仇视性犯罪的回应。

Roulstone, A. and Mason-Bish, H. (2012) *Disablist Hate Crime and Violence*(London: Routledge) .《针对残障的仇视性犯罪与暴力》。

Scragg, T. and Mantell, A. (2011) *Safeguarding Adults in Social Work*, 2nd edn(Exeter: Learning Matters Ltd) .《社会工作中成人保护》(第二版)：一本含有案例研究和相关练习的实用资源。

Thomas, P. (2011) ' "Mate Crime": Ridicule, Hostility and Targeted Attacks against Disabled people', *Disability and Society*, 26(1)：107 – 11. 《"同伴犯罪"：嘲笑、敌视以及有针对性地侵犯残障者》：本论文界定了"仇视性犯罪"与"同伴犯罪"各自的特点。

真正的改变联盟(Association for Real Change) 为学习困难者提供了如何避免使自己陷入脆弱处境的建议：www.arcsafety.net/。

英国生活还在继续(Not Dead Yet UK) 网站聚集了一群不想改变与协助自杀有关的法律的人：www.notdeadyetuk.org。

呼喊的女孩作品(Roaring Girl Productions) 以 T4 行动这个纳粹针对残障者实施的大屠杀历史作为基础，制作反压迫戏剧，以探寻它在今天的意义：www.roaring-girl.com/productions/resistance-conversations/。

第七章 结论:未来趋势

本书最后一章要集中讨论社会工作这个有组织的专业活动在运用残障社会模式时产生的一些问题。首先将讨论一些理论和专业上的问题,其次是组织方面,最后是展望未来的几点策略。

第一节 理论和专业的发展

正如前文所提到的,从20世纪90年代后期开始,福利设计及其公开声明的宗旨出现了一些明显的变化。在卫生部的政策文件中引入直接支付,对独立生活的强调,自主与增能等,并且任命了简·坎贝尔(现简·坎贝尔男爵夫人)——这位国家独立生活中心前主任——为优异社会照顾研究所首任主席,这都反映出工党政府认真遵循着对残障社会模式的分析。然而,他们的实施策略没有得到严格执行,尽管它们会使残障个人过上另一种完全不同的生活,但是那些负责传递社会照顾服务的人抵制这些变革。虽然其中的一些变革在联合政府①这儿

①　2010年5月英国大选后,出现"无多数议会",议会第一大党保守党与第三大党自民党组成英国在第二次世界大战后首个联合政府。引自外交部:《英国国家概况》,网址为:http://www.fmprc.gov.cn/mfa_chn/gjhdq_603914/gj_603916/oz_606480/1206_607616/,最后访问于2014年8月30日。——译者注

还继续发展着,但由于他们那些人抨击残障者是造成国家经济困难的原因之一,故而强化了社会工作者对个人化(personalisation)①政策的抵抗(Dunning, 2011)。

人们在试图构建一种社会工作在这一领域(即残障领域)中适用概念的模型时,过去主要的专业问题是很少有模型或框架能够胜任这个目的。历史上英国社会工作者协会(BASW)及社会工作教育培训中央委员会(CCETSW)都尝试了界定残障人士社会工作者的角色和任务,并推荐了他们所需的培训等级(社会工作教育培训中央委员会,1974; 1989; 英国社会工作者协会,1982; Stevens, 1991)。卫生部的社会工作教育要求则通过把"残障"与人类成长和发展放在一起,把"残障"牢牢地置于个体模式之中(卫生部,2002)。随后,社会照顾委员会总会(GSCC)在其职位资格要求中非常清晰地指出,社会工作者应当在社会模式取向下与残障者合作(社会照顾委员会总会,2005)。

最近社会照顾委员会总会(2008: 56-7)在它的平等多样性计划(Equality Diversity Scheme)中重申了其对残障社会模式的承诺,但这一承诺在执行中并不明显。而社会照顾委员会总会的功能在 2012 年转移给了卫生专业委员会(HPC),后者在其平等计划(Equality Scheme)里使用了《残障歧视法案》的残障定义,并添加了一项残障者遭排斥的主要原因,即,个体态度要负有责任。卫生专业委员会(HPC)这个主要与医疗问题相关的团体,它的思路似乎还没有摆脱个体层面,其思想似乎没有超越个人(层面)而去考虑作为致残障碍的社会系统和机构,因此不可能有助于在社会工作中对残障的社会性理解。

---

① 2007 年出台的《以人为本》政策阐明了英国政府意图在公共服务中实现个人化的愿景,以使人们选择和控制其所接受的服务以及他们接受服务的方式。它以"个人化议程"(Personalisation Agenda)而广为人知。参见 http://www.personalisationagenda.org.uk/,最后访问于 2014 年 8 月 30 日。——译者注

早在 1990 年，英国社会工作者协会就在它的年会上一致通过了一个提案，即，确认残障源于对损伤的社会反应。同一年它就这个主题制作了一个讨论文件（英国社会工作者协会，1990），这个文件把残障的性质描述为起初由损伤引起，但它对个人及家庭的影响取决于损伤的严重程度、预后（prognosis）、起源、社会障碍、年龄、社会影响、个体功能的变化以及社会功能的变化。它接着描述道，社会工作在一系列功能性任务方面的作用包括，对"残障者能否察觉到危险并采取相应的行动"负有责任，明确地认为独立生活可能是与保护"脆弱的"个人这一社会责任背道而驰。这个陈述几乎是对个体模式实践中所发生的事情的重述，所提出的建议也完全停留在技术知识或实际任务的层面。英国社会工作者协会的政策文件继续体现出在个体模式下对于问题的理解，相当一致地使用了"具有残障的人"（people with disabilities）这个术语。

《建设一个安全和有信心的未来：一年以后》（*Building a Safe and Confident Future：One year on*）文件建议（社会工作）标准应当简化，这个建议自然受到欢迎。它还提出一个由 9 项专业标准组成的框架，包括"权利、公平和经济福祉：先进的人权，以及推进社会公平与经济福祉"（教育部，2010b：14）。主要的社会工作和社会照顾组织最近被成人社会服务指导者协会（Association of Directors of Adult Social Services/ADASS）和卫生部组织起来，提出了一份针对何为社会工作以及社会工作希望为成人达到何种目的的声明：

> 对人们的主要结果是：
>
> 选择和控制；
>
> 尊严和尊重；
>
> 经济福祉；
>
> 生活质量的提高；
>
> 健康与情感福祉；

作出积极贡献;以及

免于歧视和骚扰。

（成人社会服务指导者协会/卫生部,2010:3）

这些对认可残障源于社会影响的努力,至少从官方政策方面作出的努力看,是令人欣喜的。但是,很少有证据表明它能够实现,且可能不一定要对在这一理论指导下发展实践的要求作出回应。

大多数人在试图发展针对残障人士社会工作实务专业基础的努力时,都对理论与实践之间关系这个永恒的问题缺乏理解,残障个体模式和残障社会模式都或公开或隐蔽地依赖于这个关系。因而,可以说个人模式源于"残障的个人悲剧论"(personal tragedy theory of disability),而社会模式源于"残障的社会问题论"(the social problem theory of disability)。许多政策声明在使用社会模式分析时,立场不够坚定。在实际中,某个具有非常严重损伤的人可能只是轻微残障,而某个具有轻度损伤的人,则可能由于贫困、较差的住房、雇员的态度或不友善的社会待遇而彻底地被残障了。像专业技能等稀缺资源的分配应当根据残障的程度,而不是损伤的程度。

把这个问题置于一般的社会工作情境中进行思考的一项努力来自李(Lee)(Bailey and Lee, 1982: 16),他区分出三个级别:

第一级:**实际任务**(Actual task)

第二级:**技术知识**(Technical knowledge)

第三级:**理论知识**(Theoretical knowledge)

虽然在理想的情况下,好的社会工作实践应当基于对这三个级别的整合,但实际上,"学术界"和"实务界"之间经常是对立的,这两个团体都认为自己的活动领域与另一个团体无关。李却指出,"对实践(第一级)考虑不足的推测性理论几乎没有实际效用,而与理论问题(第三级)绝缘的实践虽然在汽车维修中是完全可行的,但在社会工作中是极其危险的"(Bailey and Lee, 1982: 17)。在社会工作内部,第一级和第二级之间已经存在强烈的关联,而第二级和第三级之间的关系依旧较弱。对残障社会模式的理解和使用,则要求理论知识占据更为重要的地位。

由于过去一系列的原因,社会模式仍旧没有获得有利的地位。首先,直到 20 世纪 80 年代,得到系统阐述的残障理论还相当稀少且分散,对它们与技术知识的关系的思考亦是如此。其次,为社会工作者起草一份技能手册是十分困难的。最后,和残障者进行的许多工作都与理论无关,或者是隐蔽地基于残障个体模式,或者是单纯地针对那些正在等待处理的实践任务。如李(Bailey and Lee, 1982: 41)指出的,这个取向存在一些问题,因为:

> 理论必须参照实践,但又不能为实践"量身定做"。实践中的突发状况不能被允许用来支配理论假设,因为如果他们这样做,所形成的理论将是极其苍白无力的。这种理论产生于满足了各项必要事项的一种受保护的环境,就像汽车维修手册之类的东西一样;知晓这种手册的人也许能够相当高效地执行任务,但那些不会反思的机器人也能如此。

近期坚持使用残障个体模式的一个例子是政府报告《**成人社会照顾的愿景:有能力的社区和积极的公民**》(*A Vision for Adult Social Care-Capable Communities and Active Citizens*)。尽管报告表现出对公民权的承诺,但它所依赖的是社区里的志愿精神,而不是获得某一水平的支助的权利,或对移除致残的社会障碍的承诺。此外,这个文件认为应当有由使用者主导的、受地方议会支持的组织,这个观点还是具有发展潜力的。另一个例子是法律委员会(Law Commission)在检视成人社会照顾立法时建议道,应当由一个单一立法取代当前这批混乱的社会照顾立法。这个精简化的想法可能是值得欢迎的,但也存在着一些后果。该委员会建议,"成人社会照顾的首要宗旨是推动或促进个人福祉。实际上,根据这一法令作出的全部决定以及执行的所有行动,都必须以个人福祉为基础"（法律委员会,2011:20-1）。

然而,他们认为福祉与支持人们成为积极的公民之间存在差异,因为后者"似乎不够明确,以致无法在立法中运用。二者之间还存在潜藏的紧张关系,会对一个单一首要原则这个核心思想产生不良影响"（法律委员会:2011:19）。

这些建议远不足以解决残障的社会性原因,实际上它们很有可能使社会工作远离这项工作。尽管残障社会模式能够为发展残障人士社会工作实务提供一个恰当且充分的基石,但许多社会工作过去是、将来可能还是顽固保守,不会去挑战现存的社会关系。普遍而言,残障的个体模式或个人灾难论深深嵌在文化和社会环境中,只有通过在理论概念模型和实践取向上进行根本改变,方能替换或淘汰掉它。这从根本上影响了社会工作者的培训需要以及社会工作专业组织。仅仅在基础培训课程中扩充残障知识,无论在过去还是现在都是不够的;它还必须同时处理倒退为特别化实践以及远离普遍性取向的种种做法。还包括不断丰富社会工作专业中的多样性,以保证残障者都被囊括其中,与此同时,社会工作的新学位需要引入扩大参与的取向,这一观点由萨佩等（2004）提出并获得社会照顾委员会总会（GSCC）的支持。尽管这与公民权取向的某些方面相一致,但为了使社会模式真正融入社会工作实务当中,在改变服务提供者与服务使用者关系方面还会涌现出更多的需要。

自相矛盾的是,英国社会工作者协会（BASW）和社会照顾委员会总会（GSCC）都认为福利中的增能、参与和选择等价值观十分重要,并带头在社会工作课程中发展反压迫实务。这种实务的根基是,个人、家庭和社区所面对的社会问题往往是英国社会结构中的系统性压迫的结果。但与此同时,他们又在教育上采取能力模式（competence model）,据弗洛戈特和萨佩（Froggett and Sapey,1997:50）指出,这使得社会工作:

落入对政治正确性的机械应用中,反映出一种理解不足、命令式及墨守成规的教学方式,学生只能够服从或者反抗,但他们能够质疑和占有(知识)的机会非常少,原始论点也会使他们难以理解。

进一步的矛盾体现在"反压迫社会工作"(anti-oppressive social work)术语仅仅是一个矛盾修辞,但却正是社会工作价值的本质。20年前霍尔曼(Holman, 1993)指出,英国社会工作者协会(BASW)的《**社会工作伦理准则**》(*Code of Ethics for Social Work*)的基础思想实际上极度个体化:

关注于把对彼此责任、环境及结构的考虑减到最小,这一关注点存在一些缺陷。一开始,它使我们进入对人类问题的解释领域,强调个人的不足而不论他们所处的环境如何。这种个体化思想与新右派不谋而合,后者认为处于社会底层的无用个人应当受到谴责和控制。于是它缩减了针对贫困及其他社会问题的解决措施,因为社会工作被认为只涉及个人,而这些是在社会工作的真实范围之外。尤其是如今的风气认为社会工作就是对案主个人的专业应对,这对社会工作与使用者组织及社区居民共同行动而言是一个障碍。(Holman, 1993: 51-2)

然而,英国社会工作者协会(BASW)的《伦理准则》中有两个原则可以通过社会模式的方式使用:减少不利地位和排斥,以及抵制权利滥用。在霍尔曼看来,其解决途径在于发展一种相互关系,作为国家(因此社会工作者充当其福利职能的行政人员)与福利接受者之间的关系基础。相互关系是指发展友爱(fraternity)的社会价值,以此为基础的社会工作实务才有能力对社会模式分析的批评之声作出回应。这不仅意味着(社会工作者)与残障者相互分担职责,此时社会工作的角色是支持个人实现其愿望的力量之一;还意味着为了让社会工作者在帮助人们减少残障时起到确切的效用,他们必须把残障者运动的奋斗看作同样发生在自己身上。从这种意识形态生发的社会工作模式,将会基于坚信这一观念:有某些群体被系统性地压迫着的世界,就是一个压迫着所有人的世界。

残障的个体模式及其相关的偏差、异常等主题,很大程度上是现代化项目及探寻科学确定性的产物,但同时仍然受到对强大的社会等级制度的传统需要所影响。在这样的社会里,人们被界定并由此发展出一种自我认同,如正常或异常,而社会模式帮助我们了解这如何成为一种系统化的压迫过程。在与压迫的抗争之中,被压迫者将向施加在他们身上的身份发出挑战,但同时也需要压迫者发出同样的挑战。斯图亚特·霍尔[Stuart Hall,引自 Jaques, 1997: 34]指出在种族方面发生了什么:

> 随着全球化的到来,人们越来越多达成一致的是:没有人只拥有一种身份。没有一个人不具有错综复杂的文化背景。英国人突然发现,他们之中的一半实际上是法国人,他们所使用的语言一部分来自维京语,他们来自斯堪的纳维亚,他们是罗马人,(他们中的)许多人已经搬到澳大利亚和喜马拉雅定居。

其结果是打破了一些支撑种族主义的观念,尤其是一种有优越感的意识形态,它允许白人具有正当理由去压迫黑人。如前文所探讨的,种族歧视与残障歧视在意识形态上具有强烈的相关性。在残障领域,这需要非残障者察觉并接纳一点:他们与理想人体的差异,可能与那些他们认为有损伤的人(与理想人体)的差异相当,因此他们并不属于一个独特的、优越的群体。

当社会工作职业化是基于这样一种专业知识,即,把损伤当作社会需要的原因之一,就会成为一种压迫行为,因为,它会加强关于个体不足和谴责个体的理论。而社会工作者与社会工作需要做的,是承诺与残障者一起去移除致残的社会障碍。这需要对朝着激进的而非个人主义的实践进行根本变革,残障者或社会工作者的问题,无法通过把增能吸纳成为课程中的工具性能力而得到解决。在某种程度上，这是因为以能力为本的教育中的反理论取向，但更重要的是，因为它实际上反映了通过提供官僚式的措施来限制反抗和自我增能的有效性，使残障者丧失能力的部分过程。

第二节　组织问题和结构性发展

在为残障者服务方面可以提出三种组织上的考虑。

1.社会工作者扮演着残障者需要与国家需要之间的仲裁者角色。

2.为残障者服务的责任，在为数众多的组织和康复专业之间是不协调且分散的。

3.当前可用的服务趋向于反映出工作者的专业偏好和愿望，而没有根据对残障的分析和残障者的需要。

残障者需要和服务供给之间的关系问题是错综复杂的，因为二者间并没有直接的关联（见图7.1）。下图清晰地说明，残障者具有哪些需要是由其他人进行界定和解释的，而为满足这些需要所提供的服务，往往是由大型的官僚组织进行分配的。

社会工作者倾向于保卫自己的角色，常常在遵从他们的机构时约束自己的实践。但社会服务部门中社会工作者的问题不仅仅是缺少用其他方式开展工作的机会，而且随着（社会工作）专业既没有区分出作决定时的专业性和行政性准则，也没有支持那些希望根据专业性准则而不是行政性准则作出决定的工作者，问题变得更为严重。通过《国民医疗保健服务和社区照顾法案》（1990）引入准市场机制，还将预算控制置于地方政府优先考虑的事项之首，行政性的取向获得了官方的认可。

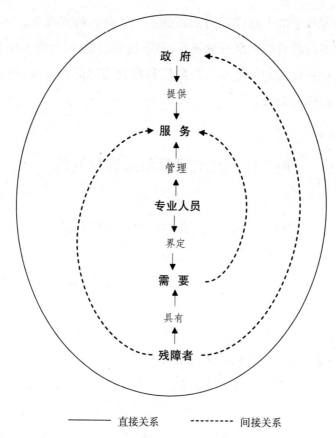

图 7.1　需要与服务的关系

资料来源：M. Oliver, 1982: 57; 经 Michael Oliver 许可后重制。

　　在没有挑战 1948 年制定的福利基本原则的情况下，遵循格里菲思报告①的变革，旨在改变政府与官僚体制的关系结构。政策制定者希望，通过购买者与提供者分化的方式，使用市场机制，而不是使用专业评断，作为定额配给服务及减少开支的主要手段。地方政府的社区照顾计划以及对预算规模与用途的严格控制形成了一种机制，通过这一机制将会直接施加控制，而市场准则将会操纵从业者和管理者的行为。

---

　　①　即罗伊·格里菲思爵士（Sir Roy Griffiths）的《行动议程》（*Agenda for Action*）报告。——译者注

我们应当思考,这对于以残障社会模式为基础的社会工作实务发展所产生的影响的范围。

一些作者(如 Le Grand and Bartlett, 1993)指出这些改变十分必要,有利于使福利工作得到高效、公平地开展,但是他们的分析是基于传统或个体模式对社会需求的原因的假设。霍尔曼等人则非常坚定地认为,一个基于新右派意识形态的系统,它非但没成功,并且还会持续失败下去:

> 新右派的政策没有能够复兴经济……他们把贪财之神当作上帝来礼拜,以致个人利益和物质上的自私被当作美德,同情弱势群体、乐于分享财富和权利则被当作缺点,因而受到讥笑。(Holman, 1993: 26)

这个评论说明,为了使福利组织支持社会工作在残障社会模式分析框架内开展实践,需要对过去指导福利结构的意识形态作根本性的改变。

新工党把福利看作对陷入危机阶段的人们(即当他们暂时性地失业时)提供支持的一种机制。这并非从根本上改变整个系统,而是基于新右派的观点,也就是个体要对他们自己的福祉负责,但为了使更灵活的就业市场得以在全球化的资本主义经济中运行,个体有时也需要支助。从言辞上,政府似乎积极地推进:

> 残障者在政策指引下进入有薪的劳动力市场,这会修正救济金体系,也会为劳动力市场的运转带来根本性的转变。所有这些似乎都是解决残障者高失业率问题的社会模式路径。然而,当政府提及实施这些改变的途径时,他们聚焦在两个方面:少量的特别计划,以及针对残障者个体的个别就业指导。也就是说,政府一方面承认这些问题外在于残障者,一方面其解决路径又针对残障者个体。(Oliver, 2004: 21)

当前的政府不仅仅是针对残障者个体,他们的做法是取消支助,而不是提供支助。

《社区照顾(直接支付)法案》(1996)对社会工作极具意义,因为尽管它利用了市场手段提供照顾,但它有可能促使对购买服务的控制和权利从地方政府转移给残障者。此外,随着对需要的自我评估,残障者获得了决定最佳服务及其服务目标的机会。在这个系统里,社会工作者有可能依据残障的社会模式理解开展实践,尽管证据倾向于表明直接支付系统(社会照顾检查委员会,2004)和个人化(Dunning, 2011)面临了相当大的阻力。社会工作的角色应当是在残障者评估自身需要并购买他们自己所需服务的进程中的一个支持者。此举将不可避免地影响到受助者和助人者的关系,因为个人助理员将作为雇员而非照顾者,长期而言它有可能改变社会把残障者看作依赖者的种种方式。

然而,尽管存在改变的可能性,当前它仍旧依靠地方政府对需要的评估,改由残障的社会模式引导还存有一些障碍。首先,目前倾向于要求残障者在顺利得到帮助之前,先向他们的损伤和残障妥协,这个做法给需求评估强加了一个前提条件,强化了在个体模式基础上形成的对于残障的标准假设。这个问题对于分析而言是重要的,它引导社会工作教育培训中央委员会(CCETSW)坚称自我需求评估对于好的社会工作实务而言必不可少(Stevens, 1991)。其次,继续强调预算,限制了地方政府对于放开个人需要决定权的准备程度;自我评估要求社会工作者和残障者之间结成伙伴关系,而这将对上述控制构成威胁。对直接支付计划的回顾显示出,地方政府在寻求手段以抵制这些计划中所蕴含的改革意图上颇具创造力。此外,社会工作者可能会被激发,从而对以非参与式的方法进行评估的角色紧抓不放,将其视作重要的权力来源。巴克莱报告(Barclay report)在社会照顾方案、社区社会工作和咨询中或许扮演了重要角色,但对于在地方政府工作的许多社会工作者而言,他们的角色开始变为一个社会照顾管理员,(社会工作作为)一个受到威胁的专业也许不愿或者不能帮助那些正在努力自我增能的人。

图 7.1 本身是极度简化的，这里有两个额外的方面很重要：首先是服务传递中复杂交错的组织环境；其次是传递服务的人。布拉克斯特（Blaxter, 1980）发现针对残障者的服务可能由十多种组织提供。这些组织一般是大型的、官僚的和偏僻的，其结果是他们发现很难以个人化的方式回应个体的需要。此外，在服务提供上存在相当大的重叠，其界限的划分往往模糊不清。因此，残障者被迫从一个部门被移交到另一个部门，或者是被反复提出相同的问题，这无助于其生活质量的改善。

由于服务的复杂性和重叠性，经常有人提出"协调"（co-ordination）是为残障者提供服务中的主要问题。然而真正的问题不在于"协调"，而是如怀尔丁（Wilding, 1982: 98）所言，产生何种服务结果取决于专业技能，而不是案主的需要。

> 围绕专业技能组织起来的服务，表明专业人员在政策制定中具有权力。这也同样见证了专业职责的沦丧。这种沦丧是指没有意识到，围绕专门技能组织起来的服务或许在专业人员看来是合乎逻辑的，但它不一定能够满足案主或潜在案主的需要。**例如，众多专业人员实在地或潜在地卷入对障碍者的照顾或康复之中，这种重复性的真正受害者是障碍者本身**。（标重为作者所加）

芬克尔斯坦也认为问题不在于协调，而在于需要专业人员的角色发生转变，即，专业人员必须从需要界定专家及（或）服务的守门员角色转型为残障者可以使用的资源之一：

> 康复工作者之间关于专业界限的特有争论和所谓专业人员"团队合作"（teamwork）的常见闹剧，只有当康复工作中的所有工作者和机构成为自控康复过程里的资源时，方能告一段落。（Finkelstein, 1981: 27）

芬克尔斯坦（1999a; 1999b）呼吁抛开专业与医学的联系，主张专业与社区进行联合。工作者将取代已有服务和服务提供者，并且深入

177

到残障文化和政治之中,在芬克尔斯坦看来,如果真正的变革能够为残障者实现、由残障者实现的话,这会是一个不可或缺的构成要素。汤普森(2002:717)在分析残障者运动的影响时,同样发出了对彻底变革的呼声:

> 在某些方面,这场使用者参与运动成功发动了对于专业主义传统模式的自满感的挑战,而这种自满感依据的是"我们知道最好的"这种思想。专业主义思想可作多种解释。它可以是指对高标准的承诺,学习与发展,恪守伦理的实务,以及负有责任。从这个意义上讲,它与解放实务、追求社会公正是一致的。但是专业主义同样也能够表示优越感和主从关系,这就与社会公正大相径庭了……因此,社会工作面临的挑战是形成这样一种专业主义形式:它欢迎使用者参与并与之一致,并且恪守对平等和社会公正的承诺——那就是,基于伙伴关系的专业主义。

然而,对于就职于地方政府社会服务部门的社会工作者而言,问题不仅仅是围绕狭隘的专业技能组织起来的服务,也不仅仅是缺乏协调和团队合作,还包括所处部门不认可或很少认可在残障者工作中运用专业技能。有人认为,西鲍姆(报告)(卫生和社会保障部,1968)没有成立通用部门(generic departments),而是专门成立了儿童照顾部门,因此儿童的需要就由受过训练的专业人员来满足,其他人的需要和责任则由不具备资格的工作人员、福利助理员及类似人员来满足,或者是转介给由社会服务部门雇用的职业治疗师。社会工作特别工作组和改革委员会(Social Work Task Force and Reform Board)同样把儿童照顾放在他们优先考虑的事项上,而成人社会工作服务则可能需要与此相配合。

尽管已经处于低优先级,残障者还要面对来自卫生和社会福利机构的许多不同的专业人员。因此,残障者及其家庭面临的主要问题不只是联系哪一家机构,还包括和哪一位专业人员进行接触。此外,即使已经与专业人员建立了联系,残障者及其家庭往往并不清楚这位专业人员代表的是哪个部门,因此也不清楚他提供哪些服务、不提供哪些服务。为了解决这个问题,**被指名者**(named person)这个想法在实务中发展起来。

有一些问题与这个想法有关,尤其是关于这个被指名者,他会成为实际上的"关键工作者"(key worker),还是会成为某个被赋予名义上的职责的人,就像一所特殊学校的名誉校长一样。另一个问题是,大多数专业人员是否具有足够的知识和技能来履行这个身份。无论是在他们的战略地位方面,还是由芬克尔斯坦提出的自控康复原则方面,残障人士都是被指名者和关键工作者的最合理的人选。因此,专业人员的任务不应当是取代残障人士的关键工作者身份,而是与他或她一起工作,以保证其得到所需的知识,并消除对于**被指名者**这个新专业的恐惧,如这个新专业的出现可能带有独立的职业结构、薪水的增长以及专业地位的提高。

这种专业关系可能会产生其他一些问题。一些人(McKnight, 1981; Davis, 2004)认为这种关系实际上本身就是致残的,其他人(Fox, 1974; Robinson, 1978; Gibbs, 2004; Harris, 2004; Priestley, 2004)则指出,对需要的专业性界定往往与残障者自己的界定不相符。其结果是,当专业人员与个人对需要的界定出现冲突时,残障者的生活质量不大可能得到改善。斯科特(Scott)在这个话题上展现出敏锐的洞察力,他写道,专业人员:

> 在如何向损伤者提供专业帮助方面已经受过特殊训练。如果他所面对的辅助对象不认为自己有损伤,那么他将无法使用专业知识。基于这个现实,专业人员之中浮现出这样一个信条也不足为奇,即认为只有当案主直面并接受他是"损伤的"这一"事实"时,康复和调整才能真正生效。(Scott, 1970: 280)

专业人员不只在接受残障方面,同样也在需求评估和服务方面,寻求将自己的界定强加于残障者身上，但这个举动不是总能成功。这样一来，虽然许多残障者已经被界定了他们的需要，并且据称这些需要也由专业化的福利机构满足了，但这些机构往往并没有以可接受的方式提供恰当的服务。

因此，嵌入在福利体系结构中的组织压力，妨碍了社会工作实务发展出一套在社会模式下工作所必需的基本取向：

> 社会模式对于专业实务没有起到现实影响，社会工作也没能满足残障者自我表达的需要。20年前（在本书的第一版中），我作了这样的预言：如果社会工作没有准备好在它对残障者的实践方面作出改变，它终将彻底地消失……现在，我们也许至少可以在社会工作介入残障者生活这个方面，宣布它（即社会工作）的死亡了。（Oliver, 2004: 25）

这个预言自从提出来，已经过去7年了，社会工作尽管幸存了下来，但是并没有获得繁荣发展。看起来我们似乎可以在此停笔了，但是这个死亡威胁并未消除，对于那些能够作出相应改变的人而言，可能有机会在公民权取向之内与残障者一同工作，也许是作为与社区结盟的专业人士。因此，本章最后一节考虑了几点社会工作者可能需要使用的策略，以便其与残障者在争取移除致残社会障碍的过程中一同实践、并肩作战。

第三节　社会工作的几点策略

尽管从事残障人士工作的社会工作者的传统角色可能会消亡，但专业社会工作的一些方面在公民权取向中可能还是有用的，不过这就取决于支配实践的意识形态了。一个从专业知识模式（expertise model）建立起来的专业，诸如医学或法律，如果忽略了它意欲服务的那些对象的声音和经历,将无助于改变福利国家与残障者之间不平等的、带有削弱性质的关系。以个体化观念为基础的伦理准则,也不会对与社会障碍进行抗争的进程的实现有所帮助,因为准则在评价人们时也会忽略他们的差别,而不是基于人们的多样性。当前所需要的专业主义形式是,能够在面对压迫的社会政策时坚持自己的见解,但这样做的出发点是为了残障者,而不是为了自身。在本书的前一版中写道,社会工作专业要想做到这一点,需要在它的课程中添加一些特色。就如本书通篇所讨论的,从残障的个体化解释到关注具有损伤的残障者所面临的文化和社会性的障碍,目前看来从前者到后者之间尚未发生巨大的转变。在前一版最后一章中提出的五个要点至今仍然有效,它们无意组成一份详尽的清单,而是为前行之路打下重要的基础。这五点如下。

第一,残障平等教育和残障研究都需要成为社会工作者教育中不可或缺的组成部分。残障平等教育是必要的,因为对依赖性和损伤的负面假设深深嵌在我们的社会文化里了。反残障歧视社会工作(anti-disablist social work)仅仅从书本上是无法习得的,这是因为在个体模式的霸权下,即使那些意识到了压迫的人也无法对相关情况进行充分的了解。这一点可见于关乎照顾者的讨论中,以及关于院舍照顾是针对依赖问题给出的一种无性别歧视的(non-sexist)解决方法这一命题里(Finch, 1984)。这个论点的构建产生自对女性受压迫的察觉以及使之政治化(的过程),这种理论也可以转换到其他方面,如种族歧视和恐同症,但由于受残障个体模式所支配,即使是最具政治意识的人,也无法设身处地地去理解损伤者所受的压迫。与残障歧视的抗争不是单纯地主张平等权,而是向正常这种概念发出挑战。正如詹妮·莫里斯(Jenny Morris)所言:

> 我想,它对社会其他部分所作的挑战是十分重要的。我认为它试图带来的变化意义非凡。人们看待自己以及看待自身损伤的

所有方式都将发生改变。这些事情非常、非常重要,它们十分彻底地改变着世界。(引自 Campbell and Oliver, 1996: 139)

从社会工作课程的角度看,这样一种提升意识的训练不仅是针对个人层面的实务者和学生,还针对指导着设计社会工作学位教学大纲的那些文化假设。在这些教学大纲中,通过纳入对人类成长与发展的研究,把焦点集中在正常与偏差上,这表现出:不论如何宣传反压迫实务背景下所包含的社会模式,社会工作教育仍然由基于残障个体模式的理论所主导。

尽管意识的提升十分有必要,但这尚不足以形成有识见的社会工作实务。社会工作者还需要对残障的社会模式有所了解,并作为福利制度中的实务者和管理者将它贯彻到行动当中,而福利制度本身往往也具有压迫性。社会工作实务如果不能把残障的社会模式进行融会贯通,它就无法进步。这不仅仅是一个学术上的争论,因为我们能够发现残障个体模式导致了服务提供者忽视对残障儿童和成人施虐的现象。其次,仅仅对那些具有兴趣的人进行指导训练是远远不够的。残障平等训练课程必须包括大多数社会工作者以及他们的管理者,而且还要明确专业人员的角色是多元的,该角色不应当被牺牲。若想这一点成为现实,那就需要将残障研究吸纳成为社会工作教育和专业持续发展课程的主要内容,甚至是基础性内容。在所有社会工作学位中,残障研究应当与儿童研究平起平坐。

2003 年,残障研究学会(Disability Studies Association)在其年会上指出:

> 残障研究关乎一个不断增长的知识和实践体的跨学科发展,它起源于残障者社会运动中的各类活动以及渐渐为人所知的"残障社会模式"。残障社会模式把残障的性质变迁,作为不平等的一个重要维度,把它定位在残障所处的社会、经济结构和社会文化之中,而非个体限制。

残障研究寻求推动与下述有关的教育、研究和学术的发展:

● 分析残障及残障者因损伤的社会后果而遭遇的社会排斥;

● 为了寻求社会和政治上的根本变革,辨识并发展出策略,这些策略对于形成一个残障者能够充分参与、并且保障他们拥有与非残障者相同的权利的包容性社会而言极为必要。

(残障研究学会,2003)

目前,英国只有少数社会工作学位(教育)教授残障研究,很少有社会工作者加入到这一主题的研究生课程之中。因此,尽管一些残障研究学者(disability studies academics)和研究者顺应改善残障者生活的要求,不断拓展(残障人士社会工作的)知识基础和实践策略,但他们对于社会工作实务的影响却是少之又少(Harris, 2003)。这样的结果是,社会工作者继续帮助案主申请加入住宿之家或护理之家,他们的管理者继续把大部分预算投在残障者不想要的服务上,而地方政府也继续声称他们缺乏资金来提供人们真正想要的服务。如果社会工作者和他们的管理者想在他们的职业生涯中扮演不同的角色,那么他们就需要接受不一样的教育。

第二,社会工作者和社会工作服务机构需要全力支持那些用以促进独立生活的计划,尤其是直接支付。有证据显示(Sapey and Pearson,2002),社会工作者认为那些选择直接支付的人是选择了退出集体福利体系(collective welfare system)。一些社会工作者认为他们不再有获得支助的资格。还有证据显示,社会工作者会积极地劝阻人们使用直接支付,因为他们认为这会使他们的预算受到损失。而且一旦社会工作者的劝阻没有成功,他们和他们的机构就会尽其所能地在直接支付的使用中设下限制条款,实际上,资格标准本身极有可能成为一种门槛。

社会工作者和他们的管理者们需要把直接支付计划看作是为残障者提供个体助理的集体性取向中的一个有机组成部分。切实地落实这些计划,将为社会工作者推动独立生活以及帮助残障者进入主流的经济社会生活提供工具(Priestley, 1999)。

第三,最常出现争议的方面是需求评估。尽管地方政府在近期保留了对个人需要的决定权,但是在对需要的解释和评估上总会出现某种程度的冲突。这个问题在前面的章节中已作过详细的讨论,也为实务者在社会模式取向下实施评估提供了许多建议。这个问题的关键在于增能和自我评估。这还要求社会工作者采取"坚定的拥护"(deter-mined advocacy)立场,去支持残障者个体参与和决定自我需求的权利。

坚定的拥护意味着不用某些规范的标准对自我需求评估正确与否进行评判,而是对此毫无保留地拥护。这并不是指放弃任何形式的专业判断或者不对相关个人进行介入。因为在帮助残障者形成自我评估策略时,社会工作者提供的一些建议和经验可能非常有价值。相反,坚定的拥护是要保证社会工作角色不会成为阻碍独立生活的另一种障碍,社会工作角色是要增能而非去能。

第四,咨询在残障人士社会工作实务中的角色。社会工作者经常为了咨询是不是他们任务中的一部分而进行争论。一些人把咨询看作他们能够实际拥有的唯一治疗技术;另一些人却认为咨询是一种专家的行为,不属于福利管理的一部分。这两种立场都有较好的理由以支撑其观点。赞成咨询实务的人认为,社会工作不仅仅是对递送物质和个人服务进行管理,还要帮助那些没有认识到自身在社会生活中的潜力的人实现他们的潜能。因此,咨询成为一种有用的技术,它可以提高个人的意识,或是以较为缓和的方式帮助人们了解其行动的意义。

对这个论点的批判是,由于社会工作者身处福利体系的权力结构当中,如果他们的目的是促使案主能够充分参与的话,使用那些会降低他们行动透明度的技术将是不恰当的。这个批评是把咨询当作一个操作过程,或是一件应当与社会服务供给保持独立的事项。在某种程度上,这两个立场都建立在对残障的个体模式理解之上,其中咨询被用来帮助人们接受自己的损伤,或者相反,它被认为难以回应人们对实质性帮助的需要。从社会模式的角度看,真正需要做的是去评估咨询在努力移除致残社会障碍中的价值。一项针对社会模式实务中咨询的构成的研究总结道:

> 为肢体残障者提供咨询的重点,似乎是有意识地把控制权归还给案主,或是通过实务的、情感的或社会的方式使案主能够自我增能。这一点是非常必要的,因为许多残障者所面临的困难以及往往痛苦的经历,都是由于医疗及其相关专业,或在他们的家庭内,或与社会大众的交往中而产生的。由于自身的处境,他们不得不依赖他人来满足实际需要,有时这种为自己作决定的权利被"专业人员"或家人接管了。从实践意义上讲,控制感的丧失使一些残障者产生了情绪问题。缺乏自尊和自信,以及感受到自己一无是处,这些都是他们由于没有切身感受到增能而付出的情感代价。(Oliver, 1995: 275)

因此,在对抗损伤者所面临的由众多致残社会障碍而造成的影响时,咨询能够扮演一个有效且必要的角色。虽然,对于那种以得到不被供应的物质资源为目的的咨询而言,社会工作具有充分的理由去拒绝它,但拒绝咨询这项工作本身则是错误的。

第五,社区社会工作在社区照顾中的角色需要被重新认识。照顾管理的启动致使作为改革活动的社会工作失效了。随着服务供给的程序和规则的发展,以及社会工作的合法角色被限制于这项工具性活动上,社会工作者的许多角色都已被削弱了,而这些角色在之前是毋庸置疑的。地方政府中的社会工作往往被作为一种纯粹的行政程序,因此它可以由受过其他形式训练的人合理地进行。然而,这种观点意味着认同当前的残障服务组织和福利组织大体上是恰当的,它们没有必要在系统中被挑战。

社区社会工作总是注定要与社区合作,并在社区中开展工作,以协助社区从福利国家中获取更大的帮助,因此社会工作必须回归到倡导和发展的角色。与残障的抗争是一种集体的抗争,因为它的解决方法是社会性而非个体性的。如果社会工作要在这场抗争中成为一个实际有用的帮手,并在福利国家中发挥它的影响力来改变和完善残障政策,它必须把自己摆到一个与残障者集体组织通力合作、并从中获得教益的位置上。用芬克尔斯坦的话说,它可能需要变成一个与社区结盟的专业(Finkelstein, 1999a; Finkelstein, 1999b)。被隔绝于这些发展之外的残障个人可能会联系社会工作者,此时社会工作者可以通过促使他们意识到自身问题的集体性,并通过协同或支持独立生活中心的发展而提供帮助。社会工作者还可以促使残障者自组织的声音被听到,优先于非传统的为残障者设立的组织,(尽管)后者已经获得了社会福利的管理权。

试图复制工具主义的照顾管理模式,给出一份残障社会模式下的社会工作任务清单,这样的想法既是不现实的,也会是完全错误的。这里所强调的问题非常突出,同时也可能非常迫切地需要社会工作组织进行处理,包括它们的专业团体、教育提供者和主要雇主。只有反复检验社会模式分析方法对社会政策框架、福利体系管理和社会工作实际操作中的意涵,社会工作者才能够为作为公民而非案主的残障者,制定出行之有效而又意义深远的工作方法。

本章小结

- 本书第一版期望着残障社会模式能够为打造有效的残障人士社会工作实务提供一个有益的基础。
- 经济、政治的变革,加上缺乏信念的社会工作专业领导力,导致许多早期的愿望没有得到实现。

●以残障社会模式为根基的强大而坚定的残障者运动的出现,意味着增能的专业实务势在必行。

●残障的个体模式深深嵌在社会工作实务中,以致就其目前的形式看,这个专业很难在工作中坚持把残障者当作公民对待。

●福利的公民权取向试图从根本上改变残障者与福利国家的关系,这也需要福利管理者同样进行本质性的转变。

●我们希望这本书能够成为这种改变的一个工具,同时也希望那些能够理解和重视这种改变的需要的社会工作者们,能够加入到残障者运动的奋斗之中。

思考要点

奥利弗(2004:25)指出,“我们也许至少可以在社会工作介入残障者生活这个方面,宣布它的死亡了。”检视你已经学过或正在学习的社会工作课程,思考其中有多少与残障者工作有关。你认为哪些知识和技能是应该掌握但又没有出现在课程里的? 在完成最后这个练习后,你可以为明确自己的专业发展要求打下基础。

扩展资源

Oliver, M. and Barnes, C. (2012) *The New Politics of Disablement*(Basingstoke: Palgrave Macmillan) .《**新残障政治学**》。

发现新英国(Breakthrough UK)是一个残障者组织,它主要向独立生活(尤其是在与就业有关的方面)提供支持,开展社会模式研究以及在独立生活各个方面的咨询:www.breakthrough-uk.co.uk/。

兰卡斯特大学残障研究中心(Centre for Disability Research, Lancaster University)从 2003 年起举办残障研究国际会议,许多现存文献都可以在如下网址上查询:www.lancs.ac.uk/cedr。

残障研究档案馆(Disability Studies Archive)收藏了许多在别处不易获取的论文,并不断扩充其收藏量:www.leeds.ac.uk/disability-studies/archiveuk/index.html。

参考文献

ADASS(Association of Directors of Adult Social Services) (2009) *Social Work Task Force Call for Evidence: Response from the Association of Directors of Adult Social Services*. www.adass.org.uk/images/stories/ADASS%20Sumbission%20to%20the%20Social%20Work%20Taskforce%201.6.09.pdf.

ADASS/Department of Health(2010) *The Future of Social Work in Adult Services*. www.dh.gov.uk/prod_consum_dh/groups/dh_digitalassets/@dh/@en/@ps/documents/digitalasset/dh_114572.pdf.

Ahmad, W. (ed.) (2000) *Ethnicity, Disability and Chronic Illness*, Buckingham: Open University Press.

Albrecht, G. and Levy, J. (1981) ' Constructing Disabilities as Social problems', in G. Albrecht (ed.), *Cross National Rehabilitation Policies: A Sociological Perspective*, Beverly Hills: Sage.

Aldridge, J. and Becker, S. (1996) ' Disability Rights and the Denial of Young Carers: the Dangers of Zero-sum Arguments', *Critical Social Policy*, 16 (3) pp. 55-76.

Allen, C., Milner, J. and Price, D. (2002) *Home is Where the Start Is*, Bristol: Policy Press.

Audit Commission(1986) *Making a Reality of Community Care*, London: HMSO.

Avante Consultancy(2006) *On Safe Ground-LGBT Disabled People and Com-*

munity Groups.www.lccds.ac.uk/disability-studies/archiveuk/advante/On%20Safe%20Ground%20-20lgbt%20disabled%20people%20and%20community%20groups%85.pdf.

Avery, D. (1997) Message to disability research discussion group, RE: age onset of disability, 9th June: disability-research@ mailbase. ac. uk.

Bailey, R. and Lee, P. (ed.) (1982) *Theory and Practice in Social Work*, Oxford: Blackwell.

Baistow, K. (1995) ' Liberation and Regulation? Some paradoxes of empowerment', *Critical Social Policy*, Issue 42, pp.34-46.

Barnes, C. (1991) *Disabled People in Britain and Discrimination. A Case for Anti-Discrimination Legislation*, London: Hurst & Company.

Barnes, C., Jolly, D., Mercer, G., Pearson, C., Priestley, M. and Riddell, S. (2004) ' Developing Direct Payments: A Review of Policy Development in the UK' , Paper at the Disability Studies: Putting Theory into Practice conference, Lancaster University, 26-28 July. http: //www.lancs.ac.uk/fass/events/disabilityconference_archive/2004/papers/jolly_pearson2004.pdf.

Barnes, C. and Mercer, G.(eds) (2004) *Implementing the Social Model of Disability: Theory and Research*, Leeds: The Disability Press.

Barnes, C., Mercer, G. and Morgan, H. (2001) *Creating Independent Futures: An Evaluation of Services Led by Disabled People Stage 3 Report*, Leeds: The Disability Press.

Barton, R. (1959) *Institutional Neurosis*, London: John Wright. http: //contents. bjdd.net/oldPDFs/12_37to44.pdf.

BASW(British Association of Social Workers) (1982) *Guidelines for Social Work with the Disabled, Draft Paper*, London: BASW.

BASW(British Association of Social Workers) (1990) *Managing Care: The Social Work Task*, London: BASW.

BCODP(1987) Disabled People: Looking at Housing (Derbyshire: BCODP) www. leeds. ac. uk/disability-studies/archiveuk/BCODP/British% 20Council% 20of% 20 Organisations.pdf.

Beardshaw, V. (1993)' Conductive Education: A Rejoinder', in J. Swain, V. Finkelstein, S. French and M. Oliver(eds) *Disabling Barriers-Enabling Environments*, London: Sage.

Begum, N., Hill, M. and Stevens, A. (eds) (1994) *Reflections: The Views of Black Disabled People on their Lives and on Community Care*, London: CCETSW.

Bell, L. and Klemz, A. (1981) *Physical Handicap*, Harlow: Longman.

Bennett, E. (2009) *What Makes my Family Stronger-A Report into What Makes Families with Disabled Children Stronger-Socially, Emotionally and Practically*, London: Contact a Family.

Beresford, P. (2004) ' Social Work and a Social Model of Madness and Distress: Developing a Viable Role for the Future', *Social Work & Social Sciences Review*, 12(2) pp.59-73.

Blackburn, C. M., Spencer, N. J. and Read, J. M. (2010) ' Prevalence of Childhood Disability and the Characteristics and Circumstances of Disabled Children in the UK: Secondary Analysis of the Family Resources Survey', School of Health and Social Studies, University of Warwick. www. biomedcentral. com/content/pdf/ 1471-2431-10-21.pdf.

Blaxter, M. (1980) *The Meaning of Disability*, 2nd edn, London: Heinemann.

Blunden, R. and Ash, A. (2007) *No Place Like Home: Ordinary Residence, Discrimination and Disabled People*, London: VODG.

Booth, T. (1992) *Reasons for Admission to Part III Residential Homes*, London: National Council of Domiciliary Care Services.

Borsay, A. (2005) *Disability and Social Policy in Britain since* 1750, Basingstoke: Palgrave Macmillan.

Boswell, D. M. and Wingrove, J. M. (eds) (1974) *The Handicapped Person in the Community*, London: Tavistock.

Braye, S. and Preston-Shoot, M. (1997) *Practising Social Work Law*, 2nd edn, Basingstoke: Macmillan.

Brechin, A. and Liddiard, P. (1981) *Look at this Way: New Perspectives in Rehabilitation*, London: Hodder & Stoughton.

British Institute of Human Rights(2011) *Our Human Rights Stories*: ' Using The Human Rights Act to Challenge Adequate Community Care Services' . www.ourhumanrightsstories. org. uk/case-study/using-humanrights-act-challenge-failure-provide-adequate-community-care-services.

British Medical Association(2010)' Responding to Patient Requests Relating to Assisted Suicide: Guidance for Doctors in England, Wales and Northern Ireland' , www.bma.org.uk/images/assistedsuicideguidancejuly2010_tcm41−198675.pdf.

Brown, H. and Craft, A. (eds) (1989) *Thinking the Unthinkable: Papers on Sexual Abuse and People with Learning Difficulties*, London: Family Planning Association.

Brown, H. (2003) Safeguarding adults and children with disabilities against abuse, Strasbourg: Council of Europe.

Buckle, J. (1971) *Work and Housing of Impaired People in Great Britain*, London: HMSO.

Buckner, L. and Yeandle, S. (2007) *Valuing Carers-Calculating the Value of Unpaid Care*, London: Carers UK.

Burleigh, M. (1996)' Spending Lives: Psychiatry, Society and the "Euthanasia" Programme' , in M. Burleigh (ed.) *Confronting the Nazi Past*, London: Collins & Brown.

Burleigh, M. (2000) *The Third Reich: A New History*, Basingstoke: Macmillan.

Bury, M. (1996)' Defining and Researching Disability: Challenges and Responses' , in C. Barnes and G. Mercer(eds) *Exploring the Divide: Illness and Disability*, Leeds: The Disability Press.

Campbell, J. (2003) *Assisted Dying and Human Value*, Select Committee on the

Assisted Dying for the Terminally Ill Bill [HL], www.leeds.ac.uk/disability-studies/archiveuk/Campbell/assisted dying.pdf.

Campbell, J. and Oliver, M. (eds) (1996) *Disability Politics*, London: Routledge.

Care Quality Commission (2010) www.cqc.org.uk/newsandevents/newsstories.cfm?widCall1 = customWidgets.content_view_1&cit_id = 35862.

Cavet, J. (1999) *People Don't Understand: Children, Young People and their Families Living with a Hidden Disability*, London: National Children's Bureau.

CCETSW (Central Council for Education and Training in Social Work) (1974) *Social Work: People with Handicaps Need Better Trained Workers*, London: CCETSW.

CCETSW (Central Council for Education and Training in Social Work) (1989) *Requirements and Regulations for the Diploma in Social Work*, London: CCETSW.

Chief Inspectors (2005) *Safeguarding Children: The Second Joint Chief Inspectors' Report on Arrangements to Safeguard Children*, London: Commission for Social Care Inspection.

Chief Inspectors (2008) *Safeguarding Children, The THIRD joint Chief Inspectors' Report on Arrangements to Safeguard Children*, London: Commission for Social Care Inspection.

Children's Act (1989) www.legislation.gov.uk/ukpga/1989/41/contents.

Clark, F. le Gros (1969) *Blinded in War: A Model for the Welfare of all Handicapped People*, London: Wayland.

Clarke, H. and McKay, S. (2008) 'Exploring Disability, Family Formation and Break-up: Reviewing the Evidence', Research Report No 514, London: DWP) http://research.dwp.gov.uk/asd/asd5/rports2007-2008/rrep514.pdf.

Clark, L. (2006) 'A Comparative Study on the Effects of Community Care Charging Policies for Personal Assistance Users', unpublished MA dissertation.

Clements, L. and Read, J. (2003) *Disabled People and European Human Rights*, Bristol: Policy Press.

Crawford, K. and Walker, J. (2008) *Social Work with Older People*, Exeter: Learning Matters Ltd.

Croft, S. (1986) ' Women, Caring and the Recasting of need—A Feminist Reappraisal' , *Critical Social Policy*, 16, pp. 23–39.

Crow, L. (1996) ' Including All of Our Lives: Renewing the Social Model of Disability' , in C. Barnes and G. Mercer(eds) *Exploring the Divide*, Leeds: The Disability Press.

Crow, L. (2010) ' Resistance-which way the future?' , *Coalition*, January, Manchester: Manchester Coalition of Disabled People.

Crown Prosecution Service(2006) *Guidance on Prosecuting Cases of Disability Hate Crime*, London: CPS. www.cps.gov.uk/publications/docs/disability_hate_crime_guidance.pdf.

Crown Prosecution Service(2010) Policy for Prosecutors in Respect of Cases of Encouraging or Assisting Suicide. www.cps.gov.uk/publications/prosecution/assisted_suicide_policy. html.

CSCI(Commission for Social Care Inspection) (2009) *The State of Social Care in England* 2007 – 08. http: //webarchive. nationalarchives. gov. uk/20100611090857/www.cqc.org.uk/_db/_documents/SOSC08%20Report%2008_Web.pdf.

Dalley, G. (1996) *Ideologies of Caring*, London: Macmillan.

Davey, V. *et al.* (2007) *Direct Payments: A National Survey of Direct Payments Policy and Practice*, London: Personal Social Services Research Unit, London School of Economics and Political Science.

Davis, K. (1981) ' 28 – 38 Grove Road: Accommodation and Care in a Community Setting' , in A. Brechin, P. Liddiard and J. Swain(eds) *Handicap in a Social World*, London: Hodder & Stoughton.

Davis, K. (1984) *Notes on the development of the Derbyshire Centre for Integrated Living*. www.leeds.ac.uk/disability-studies/archiveuk/DavisK/earlydcil.pdf.

Davis, K. (1990) ' A Social ·Barriers Model of Disability: Theory into Practice:

The Emergence of the "Seven Needs"', Paper prepared for the Derbyshire Coalition of Disabled People: February, 1990. www. leeds. ac. uk/disability-studies/archiveuk/ DavisK/davis-social%20barriers.pdf.

Davis, K. (2004) 'The Crafting of Good Clients' in J. Swain, S. French, C. Barnes and C. Thomas(eds) *Disabling Barriers-Enabling Environments*, 2nd edition, London: Sage.

Dawson, C. (2000) *Independent Success: Implementing Direct Payments*, York: Joseph Rowntree Foundation.

Department for Education and Skills(2001) Special Educational Needs Code of Practice. http://media.education.gov.uk/assets/files/pdf/s/sen%20code%20of% 20practice.pdf.

Department for Education (2007) *Aiming High for Disabled Children: Better Support for Families*. www. education. gov. uk/childrenandyoungpeople/sen/ahdc/ b0070490/ aiming-high-for-disabled-children-ahdc.

Department for Education (2010a) *Children with Special Educational Needs* 2010: *An Analysis* 19 *October* 2010. www. education. gov. uk/rsgateway/DB/STA/ t000965/osr25-2010.pdf.

Department for Education(2010b) *Building a Safe and Confident Future: One Year On-Detailed Proposals from the Social Work Reform Board*. www.education.gov. uk/publications/standard/publicationDetail/Page1/DFE-00602-2010.

Department for Education(2011a) *Support and Aspiration: A New Approach to Special Educational Needs and Disability*. www.education.gov.uk/publications/eOr-deringDownload/Green-Paper-SEN.pdf.

Department for Education(2011b) *Short Breaks for carers of Disabled Children Advice for Local Authorities*. http://media. education. gov. uk/assets/files/pdf/s/ short%20breaks%20-%20advice%20for%20local%20authorities.pdf.

Department of Health and Social Security(1968) *Report of the Committee on Local Authority and Allied Social Services*, Seebohm Report, London: HMSO.

Department of Health(1998) *Modernising Social Services: Promoting Independence, Improving Protection, Raising Standards*, London: Department of Health.

Department of Health (1989) *Caring for People-Community Care in the Next Decade and Beyond*, London: HMSO.

Department of Health (2000) *A Quality Strategy for Social Care*, London: Department of Health.

Department of Health(2002) *Requirements for Social Work Training*, London: Department of Health.

Department of Health(2003) *Fair Access to Care Services*, London: Department of Health. www. dh. gov. uk/prod _ consum _ dh/groups/dh _ digitalassets/@ dh/@ en/documents/digitalasset/dh_4019641.pdf.

Department of Health (2006) *White Paper, Our Health Our Care Our Say*. http: //webarchive.nationalarchives.gov.uk/+/www.dh.gov.uk/en/Publicationsandstatistics/Publications/PublicationsPolicyAndGuidance/DH_4127453.

Department of Health(2007) *Putting People First*. www.dh.gov.uk/en/Publicationsandstatistics/Publications/PublicationsPolicyAndGuidance/DH_081118.

Department of Health (2008) *Putting People First-Transforming Adult Social Care*. www. dh. gov. uk/en/Publicationsandstatistics/Lettersandcirculars/LocalAuthority Circulars/DH_081934.

Department of Health(2010a) Prioritising need in the context of *Putting People First*: A whole system approach to eligibility for social care *Guidance on Eligibility Criteria for Adult Social Care, England 2010* Ch. 3 p. 1. www.dh.gov.uk/prod_consum _ dh/groups/dh _ digitalassets/@dh/@en/@ps/documents/digitalasset/dh _ 113155.pdf.

Department of Health(2010b) *Practical Approaches to Co-production*. www.dh. gov.uk/prod_consum_dh/groups/dh_digitalassets/@dh/@en/@ps/documents/digitalasset/dh_121669.pdf.

Department of Health (2010c) ' Equity and Excellence: Liberating the NHS' http://www.dh.gov.uk/prod_consum_dh/groups/dh_digitalassets/@dh/@en/@ps/documents/digitalasset/dh_117794.pdf.

Department for Work and Pensions (2010) 'About the ILF'. www.dwp.gov.uk/ilf/about-ilf/.

Department for Work and Pensions (2011) Welfare Reform Bill. www.dwp.gov.uk/policy/welfare-reform/legislation-and-keydocuments/welfare-reform-bill-2011/index.shtml#main.

Despouy, L. (1993) *Human Rights and Disability*, New York: United Nations Economic and Social Council.

Direct Gov (2010) 'Support for Disabled Parents'. www.direct.gov.uk/en/DisabledPeople/Disabledparents/DG_10037844.

Disability Now, (2010) The Hate Crime Dossier webpage. http://www.disabilitynow.org.uk/the-hate-crime-dossier?searchterm=hate+crime.

Disability Discrimination (undated) www.disability.discrimination.com/pages/home/disability-discrimination-law/the-meaning-ofdisability.php.

Disability Rights Commission (2006) *Whose Risk is it Anyway?* http://www.leeds.ac.uk/disability-studies/archiveuk/DRC/DD_Risk_Paper.pdf.

Disability Studies Association (2003) 2003 *Conference Archive Home* www.lancs.ac.uk/fass/events/disabilityconference_archive/2003/.

Doyal, L. (1980) *The Political Economy of Health*, London: Pluto Press.

Dunning, J. (2011) 'Bureaucracy is Damaging Personalisation, Social Workers Say'. Community Care (online), 25 May. www.communitycare.co.uk/Articles/2011/05/25/116867/bureaucracy-is-damagingpersonalisation-social-workers-say.htm.

Ellis, K. (1993) *Squaring the Circle: user and carer participation in needs assessment*, York: Joseph Rowntree Foundation.

Ermish, J. and Murphy, M. (2006) *Changing Household and Family Structures and Complex Living Arrangements*, Swindon: ESRC.

Equality and Human Rights Commission (EHRC) (2010) *The Essential Guide to the Public Sector Equality Duty*. www. equalityhumanrights. com/uploaded _ files/ EqualityAct/PSED/essential_guide_guidance.pdf.

Equality and Human Rights Commission (EHRC) (2011) *Respect for your Family and Private Life*. www. equalityhumanrights. com/humanrights/what-are-human-rights/the-human-rights-act/respect-for-yourprivate-and-family-life/.

Equal Opportunities Commission (1982) *Caring for the Elderly and Handicapped*, London: Equal Opportunities Commission.

Evans, A. MP(1947) ' National Assistance Act debate' , Hansard, 24 November 1947. http: //hansard. millbanksystems. com/commons/1947/nov/24/national-assistance-bill.

Evans, A. MP quoted in Silburn, R. (1983) ' Social Assistance and Social Welfare: the Legacy of the Poor Law' , in P. Bean and S. MacPherson(eds) , *Approaches to Welfare*, London: Routledge & Kegan Paul.

Evans, J. (2002) *Independent Living Movement in the UK*. www.leeds.ac.uk/disability-studies/archiveuk/evans/Version% 202% 20Independent% 20Living% 20Movement%20in%20the%20UK.pdf.

Evans, J. (2006) ' The Importance of CILs In Our Movement' , presentation at the Puerta Valencia Hotel, 2 November 2006, http: //www. leeds. ac. uk/disability-studies/archiveuk/evans/Valencia%20CIL%20Presentation%20john.pdf.

Felce, D. and Perry, J. (1997) ' Quality of Life: The Scope of the Term and its Breadth of Measurement' , in R. Brown, R. (ed.) *Quality of Life for People with Disabilities*, 2nd edn, Cheltenham: Stanley Thornes Publishers Ltd.

Fiedler, B. (1988) *Living Options Lottery*, London: King's Fund Centre.

Fiedler, B. (1991) *Tracking Success: Testing Services for People with Severe Physical and Sensory Disabilities*, London: King's Fund Centre.

Finch, J. (1984) ' Community Care: developing non-sexist alternatives' , in *Critical Social Policy*, 9, pp. 6–18.

Fine, A. and Ache, M. (eds) (1988) *Women with Disabilities*, Philadelphia:

Temple University Press.

Finkelstein, V. (1972) *The Psychology of Disability* (print version from original audio tape transcript of talk). www. leeds. ac. uk/ disabilitystudies/ archiveuk/ finkel-stein/01%20-%20Talk%20to%20GPs. pdf.

Finkelstein, V. (1980) *Attitudes and Disabled People: Issues for Discussion*, New York: World Rehabilitation Fund.

Finkelstein, V. (1981) *Disability and professional attitudes*. RADAR(1981) Conference Proceedings. NAIDEX ' 81 21–24 October 1981. http: //www. leeds. ac. uk/ disability-studies/ archiveuk/ finkelstein/ Professional%20Attitudes. pdf.

Finkelstein, V. (1991) ' Disability: An Administrative Challenge? (The Health and Welfare Heritage)', in M. Oliver (ed.) *Social Work Disabled People and Disabling Environments*, London: Jessica Kingsley.

Finkelstein, V. (1999a) *Professions Allied to the Community (PACs)*, [ht-tp: //www. leeds. ac. uk/ disability-studies/ archiveuk/ index. html].

Finkelstein, V. (1999b) *Professions Allied to the Community: The Disabled People's Trade Union*, http: //www. leeds. ac. uk/ disability-studies/ archiveuk/ index. html.

Finkelstein, V. and Stuart, O. (1996) ' Developing new services', in G. Hales (ed.), *Beyond Disability*, London: Sage.

Fox, A. M. (1974) *They get this training but they don't really know how you feel*, London: RADAR.

Friedlander, H. (1995) The Origins of Nazi Genocide from Euthanasia to the Final Solution, Chapel Hill: University of North Carolina Press.

Freire, P. (1972) *Pedagogy of the Oppressed*, Harmondsworth: Penguin.

Froggett, L. and Sapey, B. (1997) ' Communication, Culture and Competence in Social Work Education', *Social Work Education*, 16(1) pp. 41–53.

Gallagher, H. (1990) *By Trust Betrayed, Patients Physicians and the Licence to Kill in the Third Reich*, New York: Henry Holt.

General Social Care Council(GSCC) (2005) *Specialist Standards and Requirements(Adult Services)*, London: GSCC.

General Social Care Council(GSCC) (2008) *Social Work at Its Best—A Statement of Social Work Roles and Tasks for the 21st Century*. http://www.gscc.org.uk/cmsFiles/Policy/Roles%20and%20Tasks.PDF.

Gibbs, D. (2004)' Social Model Services: an oxymoron?' in, C. Barnes and G. Mercer(eds) *Disability Policy and Practice: Applying the Social Model*, Leeds: The Disability Press.

Gibson, S. (2006)' Beyond a "culture of silence": inclusive education and the liberation of "voice"'. *Disability and Society* 21(4) pp. 315–29.

Glasby, J. and Littlechild, R. (2009) *Direct Payments and Personal Budgets: Putting Personalisation into Practice*, Bristol: Policy Press.

Gleeson, B. (1999) *Geographies of Disability*, London: Routledge.

Goffman, E. (1961) *Asylums*, New York: Doubleday.

Gooding, C. (1996) *Blackstone's Guide to the Disability Discrimination Act 1995*, London: Blackstone Press.

Gooding, C. (2003)' The Disability Discrimination Act: Winners and Losers', paper presented at *Working Futures* seminar, University of Sunderland, 3–5 December.

Goodinge, S. (2000) *A Jigsaw of Services: Inspection of services to support disabled parents in their parenting role*, London: Department of Health.

Griffiths, M. (2006)' Sex: Should We All Be At It?' Sociology Dissertation University of Leeds, www.leeds.ac.uk/disability-studies/archiveuk/griffiths/dissertation.pdf.

Griffiths, R. (1988) *Community Care: Agenda for Action*, London: HMSO.

Guelke, J. (2003) ' Road-kill on theInformation Highway: Repetitive Strain Injury in the Academy', *The Canadian Geographer*, 47(4) pp. 386–99.

Hanks, J. and Hanks, L. (1980)' The Physically Handicapped in Certain Nonoccidental Societies', in W. Phillips and J. Rosenberg(eds) *Social Scientists and the Physically Handicapped*, London: Arno Press.

Hanvey, C. (1981) *Social Work with Mentally Handicapped People*, London: Heinemann.

Harris, A. (1971) *Handicapped and Impaired in Great Britain*, London: HMSO.

Harris, J. (1995) *The Cultural Meaning of Deafness*, Aldershot: Averbury.

Harris, J. (1997) *Deafness and The Hearing*, Birmingham: Venture Press.

Harris, J. (2003) ' Ostrich Politics: Exploring the Place of Social Care in Disability Studies', paper presented at the Disability Studies: Theory, Policy and Practice conference, Lancaster University, September 4 – 6. http: //www. lancs. ac. uk/fass/events/disabilityconference_archive/2003/papers/harris2003.pdf.

Harris, J. (2004) ' Incorporating the Social Model into Outcome-Focused Social Care Practice with Disabled People', in C. Barnes and G. Mercer(eds) *Disability Policy and Practice: Applying the Social Model*, Leeds: The Disability Press.

Hemingway, L. (2011) *Disabled People and Housing: Choices, Opportunities and Barriers*, Bristol: Policy Press.

Holdsworth, L. (1991) *Empowerment Social Work with Physically Disabled People*, Norwich: Social Work Monographs.

Holman, B. (1993) *A New Deal for Social Welfare*, Oxford: Lion. Howe, D. (1987) *An Introduction to Social Work Theory*, Aldershot: Wildwood House.

Hunter S. and Ritchie P. (eds) (2007) *Co-production and Personalization in Social Care*, London: Jessica Kingsley.

Iese(2011) Care Funding Calculator. www.southeastiep.gov.uk.

Illich, I. (1975) *Medical Nemesis: The Expropriation of Health*, London: Marion Boyars.

Imrie, R. (2003) *The Impact of Part M on the Design of New Housing*, Egham: Royal Holloway University of London.

Integration alliance(1992) *The Inclusive Education System: A National Policy for Fully Integrated Education*. www.lccds.ac.uk/disabilitystudies/archiveuk/integration%20alliance/inclusive%20ed%20system.pdf.

IPPR(2007) *DISABILITY 2020: Opportunities for the full and equal citizenship of disabled people in Britain in 2020*, London: IPPR.

Jacques, M. (1997) ' Les enfants de Marx et de Coca-Cola' , *New Statesman*, 28 November, pp. 34-6.

Kanter, A. (2007) ' The Promise and Challenge of the United Nations Convention on the rights of Persons with Disabilities' , *Syracuse Journal of International Law and Commerce*, 34(2) , pp. 287-322.

Katbamna, S., Bhakta, P. and Parker, G. (2000) ' Perceptions of disability and care-giving relationships in South Asian communities' , in W. Ahmad(ed.) *Ethnicity, Disability and Chronic Illness*, Buckingham: Open University Press.

Keith, L. and Morris, J. (1995) ' Easy Targets: A Disability Rights Perspective on the "Children as Carers"Debate' , *Critical Social Policy*, 15(2/3) pp. 36-57.

Kelly, L. (1992) ' The Connections between Disability and Child Abuse: A Review of the Research Evidence' , *Child Abuse Review*, 1(3) pp. 157-67.

Kennedy, M. (1989) ' The Abuse of Deaf Children' , *Child Abuse Review*, 3(1) , pp. 3-7.

Kitson, D. and Clawson, R. (2007) ' Safeguarding Children with Disabilities' , in K. Wilson and A. James(eds) *The Child Protection Handbook*, 3rd edn, London: Elsevier.

Kuhn, T. (1962) *The Structure of Scientific Revolutions*, Chicago: University of Chicago Press.

Langan, M. (1990) ' Community Care in the 1990s: the Community Care White Paper: "Caring for People"' , *Critical Social Policy*, Issue 29, pp. 58-70.

Lago, C. and Smith, B. (eds) (2003) *Anti-discriminatory Counselling Practice*, London: Sage.

Law Commission(2011) *Adult Social Care: Presented to Parliament pursuant to section 3(2) of the Law Commissions Act 1965*. Law Com No 326. www.justice.gov. uk/lawcommission/docs/lc326_adult_social_care.pdf.

Le Grand, J. and Bartlett, W.(eds.) (1993) *Quasi-Markets and Social Policy*, Basingstoke: Macmillan.

Lenney, M. and Sercombe, H. (2002) ' "Did You See That Guy in the Wheel-chair Down the Pub?"Interactions across Difference in a Public Place' , *Disability & Society*, 17(1) pp. 5−18.

Lenny, J. (1993) ' Do Disabled People Need Counselling?' in J. Swain, V. Finkelstein, S. French and M. Oliver (eds) *Disabling Barriers-Enabling Environments*, London: Sage.

Leonard, P. (1966) ' The Challenge of Primary Prevention' , *Social Work Today*, 6 October.

Lifton, R. J. (2000) *The Nazi Doctors-Medical Killing and the Psychology of Genocide*, New York: Basic Books.

MacFarlane, A. (1994) ' On Becoming an Older Disabled Woman' , *Disability and Society*, 9(2) pp. 255−6.

MacFarlane, A. and Laurie, L. (1996) *Demolishing Special Needs* (Derbyshire: BCODP).

Marchant, R. and Page, M. (1992) *Bridging the Gap*, London: NSPCC.

Martin, J., Meltzer, H. and Elliot, D. (1988) *The Prevalence of Disability among Adults*, London: HMSO.

McConnell, H. and Wilson, B. (2007) *Focus on the Family*, London: Office for National Statistics.

McDonald, E. v Royal Borough of Kensington & Chelsea. Neutral Citation Number [2010] EWCA Civ 1109. www.bailii.org/ew/cases/EWCA/Civ/2010/1109.html.

McKnight, J. (1981) ' Professionalised Service and Disabled Help' , in A. Brechin, P. Liddiard and J. Swain(eds) *Handicap in a Social World*, London: Hodder &

Stoughton.

Merton, R. (1957) *Social Theory and Social Structure*, New York: Free Press.

Middleton, L. (1992) *Children First: Working with Children and Disability*, Birmingham: Venture Press.

Middleton, L. (1995) *Making a Difference: Social Work with Disabled Children*, Birmingham: Venture Press.

Middleton, L. (1997) *The Art of Assessment: Practitioners Guide*, Birmingham: Venture Press.

Middleton, L. (1999) *Disabled Children: Challenging Social Exclusion*, London: Blackwell Science.

Miller, E. and Gwynne, G. (1972) *A Life Apart*, London: Tavistock.

Moore, M., Skelton, J. and Patient, M. (2000) *Enabling Future Care*, Birmingham: Venture Press.

Morris, J. (1989) *Able Lives: Women's Experience of Paralysis*, London: The Women's Press.

Morris, J. (1991) *Pride against Prejudice*, London: Women's Press.

Morris, J. (1993a) *Independent Lives*: *Community Care and Disabled People*, Basingstoke: Macmillan.

Morris, J. (1993b) *Community Care or Independent Living*, York: Joseph Rowntree Foundation.

Morris, J. (1997a) *Community Care: Working in Partnership with Service Users*, Birmingham: Venture Press.

Morris, J. (1997b) ' Gone Missing? Disabled Children Living Away from their Families' , *Disability & Society*, 12(2) pp. 241-58.

Morris, J. (1998) *Still Missing ?*, London: Who Cares? Trust.

Morris, J. (2002) *A Lot To Say*, London: Scope.

Morris, J. and Wates, M. (2006) *Supporting Disabled Parents and Parents with Additional Support Needs*, Bristol: Policy Press/SCIE.

Mortier, K., Desimpel, L., De Schauwer, E. and Van Hove, G. (2011) ' I Want Support Not Comments: Children's Perspective on Supports in their Life' , *Disability and Society* 26(2) pp. 207–22.

Mostert, M. P. (2002) ' Useless Eaters: Disability as Genocidal Marker in Nazi Germany' , *Journal of Special Education*, 36, 155–68.

Neimeyer, R. A. and Anderson, A. (2002) ' Meaning Reconstruction Theory' , in N. Thompson(ed.) *Loss and Grief*, Basingstoke: Palgrave Macmillan.

NHS Information Centre(2010) *Survey of Carers in Households* 2009/10. www. ic. nhs. uk/webfiles/publications/009 _ Social _ Care/carersurvey0910/Survey _ of _ Carers_in_Households_2009_10_England.pdf.

NHS Information Centre (2011a) Community Care Statistics 2009 – 10: Social Services Activity, England. www.ic.nhs.uk/webfiles/publications/009_Social_Care/ca-restats0910asrfinal/Community_Care_Statistics_200910_Social_Services_Activity_ Report_England.pdf.

NHS Information Centre(2011b) Personal Social Services expenditure and unit costs: England–2009–10–Final Council Data. http://www.ic.nhs.uk/webfiles/publi-cations/009_Social_Care/pss0910expfinal/pss0910expfinal_update_070311/Personal_ Social_Services_Expenditure_Report%202009_10.pdf.

NHS Information Centre (2011c) Abuse of Vulnerable Adults in England October 2009–March 2010. Experimental Statistics.www.ic.nhs.uk/webfiles/publi-cations/009 _ Social _ Care/ava0910/Abuse _ of _ Vulnerable _ Adults _ report _2009 – 10.pdf.

Nissel, M. and Bonnerjea, L. (1982) *Family Care of the Handicapped Elderly: Who Pays ?*, London: Policy Studies Institute.

Not Dead Yet UK (2011) www.notdeadyetuk.org/page12.html.

Nowak, M. (2008) *Interim Report of the Special Rapporteur on Torture and Other Cruel, Inhuman or Degrading Treatment or Punishment*, New York: United Nations.

NSPCC(2003) ' *It doesn' t happen to disabled children*' : child protection and *disabled children*. Report of the National Working Group on Child Protection and Disability, London: NSPCC.

O' Connell, P. (2005) ' "A Better Future?"Young adults with complex physical and communication needs in mainstream education.' Presented by Dawn Seals, BERA, at the University of Glamorgan, 17 September. www. leeds. ac. uk/disability-studies/ar-chiveuk/o%27connell/oconnellp%20a%20better%20future%20bera%202005.pdf.

Office for Disability Issues(2010) *Disability Facts and Figures*. www. odi. gov. uk/disability-statistics-and-research/disability-facts-and-figures. php.

Office for National Statistics(ONS) (2001) www. statistics. gov. uk/cci/nugget. asp?id = 458.

Office for National Statistics(ONS) (2004) *Social Trends No* 34, London.

Office for National Statistics(ONS) (2009) www. statistics. gov. uk/cci/nugget. asp?id =1264.

Office for National Statistics (ONS) (2010) Social Trends 40 No. 40 – 2010 edition Chapter 2 Households and families www.statistics.gov.uk/downloads/theme _social/Social-Trends40/ST40_Ch02.pdf.

Oliver, J. (1982) ' Community Care: Who Pays?' *New Society*, 24 March.

Oliver, J. (1995) ' Counselling Disabled People: A Counsellor's Perspective' , *Disability & Society*, 10(3) pp. 261 – 79.

Oliver, M. (1982) *Disablement in Society*, Milton Keynes: Open University Press.

Oliver, M. (1983) *Social Work with Disabled People*, Basingstoke: Macmillan.

Oliver, M. (1990) *The Politics of Disablement*, Basingstoke: Macmillan.

Oliver, M. (ed.) (1991) *Social Work, Disabled People and Disabling Environ-ments*, London: Jessica Kingsley.

Oliver, M. (1996) *Understanding Disability, From Theory to Practice*, Basing-stoke: Macmillan.

Oliver, M. (2004) ' The Social Model in Action: If I Had a Hammer' , in C.

Barnes and G. Mercer(eds) *Implementing the Social Model of Disability: Theory and Research, Leeds: The Disability Press.*

Oliver, M. and Bailey, P. (2002) ' Report on the Application of the Social Model of Disability to the Services provided by Birmingham City Council' , unpublished.

Oliver, M. and Barnes, C. (2012) *The New Politics of Disablement*, Basingstoke: Palgrave Macmillan.

Oliver. M, and Sapey, B. (1999) *Social Work with Disabled People*, 2nd edn, Basingstoke: Macmillan.

Oliver, M. and Sapey, B. (2006) *Social Work with Disabled People*, 3rd edn, Basingstoke: Palgrave Macmillan.

Oliver, M. and Zarb, G. (1992) *Greenwich Personal Assistance Schemes: An Evaluation*, London: Greenwich Association of Disabled People.

Philips, J., Ray, M. and Marshall, M. (2006) *Social Work With Older People* (British Association of Social Workers(BASW) Practical Social Work) (Practical Social Work) .

Philips, T. (2007) *Fairness and Freedom: The Final Report of the Equalities Review*, London: Equalities Review.

Piggot, L. (2011) ' Prosecuting Disability Hate Crime: A Disabling Solution?' , *People, Place & Policy Online*, pp. 5/1, pp. 25-34. http://extra.shu.ac.uk/ppp-online/issue_1_130411/issue_downloads/disability_hate_crime_solution.pdf.

Powles, J. (1973) ' On the Limitations of Modern Medicine' , *Science, Medicine and Man*, 1.

Priestley, M. (1999) *Disability Politics and Community Care*, London: Jessica Kingsley.

Priestley, M. (2003) *Disability: A Life Course Approach*, Cambridge: Polity Press.

Priestley, M. (2004) ' Tragedy Strikes Again! Why Community Care Still Poses a Problem for Integrated Living' in J. Swain, S. French, C. Barnes and C. Thomas (eds) *Disabling Barriers-Enabling Environments*, 2nd edn, London: Sage.

Prime Minister's Strategy Unit(2005) *Improving the Life Chances of Disabled People*. www.cabinetoffice.gov.uk/strategy/work_areas/disability.aspx.

Read, J. (2000) *Disability, the Family and Society: Listening to Mothers*, Buckingham: Open University Press.

Read, J. and Clements, L. (2001) *Disabled Children and the Law: research and good practice*, London: Jessica Kingsley.

Reeve, D. (2000) ' Oppression within the counselling room' , *Disability & Society* 15(4) pp. 669-82.

Reeve, D. (2002) ' Negotiating Psycho-emotional Dimensions of Disability and their Influence on Identity Constructions' , *Disability & Society*, 17(5) pp. 493-508.

Reeve, D. (2004) ' Counselling and disabled people: help or hindrance?' in J. Swain, S. French, C. Barnes and C. Thomas(eds) *Disabling Barriers-Enabling Environments*, 2nd edn, London: Sage.

Residential Forum (2010) *Vision Statement*. www. residentialforum. com/residential_forum_vision_statement.html.

Roberts, P. (1994) ' Theoretical Models of Physiotherapy' , *Physiotherapy*, 80 (6) : 361-6.

Robinson, T. (1978) *In Worlds Apart: Professionals and their Clients in the Welfare State*, London: Bedford Square Press.

Roith, A. (1974) ' The Myth of Parental Attitudes' , in D. M. Boswell and J. M. Wingrove(eds) *The Handicapped Person in the Community*, London: Tavistock.

Roulstone, A. and Mason-Bish, H. (2012) *Disablist Hate Crime and Violence*, London: Routledge.

Roulstone, A. and Thomas, P. (2009) *Hate Crime and Disabled People*, Manchester: Equality and Human Rights Commission and Breakthrough UK.

Roulstone, A., Thomas, P. and Balderston, S. (2011) ' Between Hate and Vulnerability: Unpacking the British Criminal Justice System's construction of Disablist Hate Crime', *Disability and Society* 26(3) pp. 351–64.

Roulstone, A. and Warren, J. (2006) ' Applying a Barriers Approach to Monitoring Disabled People's Employment: Implications for the Disability Discrimination Act 2005', *Disability and Society* 21(2) pp. 115–31.

Runswick-Cole, K. (2008) ' Between a Rock and a Hard Place: Parents' Attitudes to the Inclusion of Children with Special Educational Needs in Mainstream and Special Schools', *British Journal of Special Education*, 35(3) pp. 73–180.

Ryan, J. and Thomas, F. (1980) *The Politics of Mental Handicap*, Harmondsworth, Penguin.

Salman, S. (2010) ' Caught in a Trap: Disabled People Can' t Move Out of Care', *Guardian*, 13 October.

Salzberger-Wittenberg, I. (1970) *Psycho-Analytic Insights and Relationships: A Kleinian Approach*, London: Routledge & Kegan Paul.

Sapey, B. (1993) ' Community Care: Reinforcing the Dependency of Disabled People', *Applied Community Studies*, 1(3) , pp. 21–29.

Sapey, B. (1995) ' Disabling Homes: A Study of the Housing Needs of Disabled People in Cornwall', *Disability and Society*, 10(1) , pp. 71–85.

Sapey, B. (2004) ' Practice for What? The Use of Evidence in Social Work with Disabled People', in D. Smith(ed.) *Evidence-based Practice and Social Work*, London: Jessica Kingsley.

Sapey, B. and Hewitt, N. (1991) ' The Changing Context of Social Work Practice', in M. Oliver (ed.) *Social Work, Disabled People and Disabling Barriers*, London: Jessica Kingsley.

Sapey, B. and Pearson, J. (2002) *Direct Payments in Cumbria: An Evaluation of their Implementation*. www.lancs.ac.uk/cedr/activities/268/.

Sapey, B., Turner, R. and Orton, S. (2004) *Access to Practice: Overcoming the Barriers to Practice Learning for Disabled Social Work Students*, Southampton:

SWAP.

Sayce, L. (2000) *From Psychiatric Patient to Citizen*, Basingstoke: Palgrave Macmillan.

Schorr, A. (1992) *The Personal Social Services: An Outside View*, York: Joseph Rowntree Foundation.

Scott, R. A. (1970) ' The Constructions and Conceptions of Stigma by Professional Experts' , in J. Douglas(ed.) *Deviance and Respectability: The Social Construction of Moral Meanings*, New York: BASK Books.

Selfe, L. and Stow, L. (1981) *Children with Handicaps*, London: Hodder & Stoughton.

Shakespeare, T. (1996) ' Power and Prejudice: Issues of Gender, Sexuality and Disability' , in L. Barton(ed.) *Disability & Society: Emerging Issues and Insights*, Harlow: Longman.

Shakespeare, T. (1997) ' Researching Disabled Sexuality' , in C. Barnes and G. Mercer(eds) , *Doing Disability Research*, Leeds: The Disability Press.

Shakespeare, T., Gillespie-Sells, K. and Davies, D. (1996) *The Sexual Politics of Disability: Untold Desires*, London: Cassell.

Shaping Our Lives(2010) A National Network of Service Users and Disabled People. www.shapingourlives.org.uk.

Shearer, A. (1981b) *Disability: Whose Handicap ?*, Oxford: Blackwell.

Shearer, A. (1984) *Centres for Independent Living in the US and the UK-an American Viewpoint*, London: King's Fund Centre.

Silburn, R. (1983) ' Social Assistance and Social Welfare: the Legacy of the Poor Law' , in P. Bean and S. MacPherson(eds) *Approaches to Welfare*, London: Routledge & Kegan Paul.

Social Services Inspectorate (1991a) *Care Management and Assessment: Managers Guide*, London: HMSO.

Social Services Inspectorate(1991b) *Care Management and Assessment: Practi-*

tioners Guide, London: HMSO.

Southampton CIL (2010) *The 12 Basic Rights*. www.southamptoncil.co.uk/about/12-basic-rights/.

Southampton CIL(2011) Campaigning can't stop for Xmas http://southamptoncil.wordpress.com/category/disabled-people/.

Stevens, A. (1991) *Disability Issues*, London: CCETSW.

Stewart, J., Harris, J., and Sapey, B. (1999) 'Disability and Dependency: Origins and Futures of "Special Needs" Housing for Disabled People', *Disability and Society*, 14(1) pp. 5-20.

Stewart, W. (1979) *The Sexual Side of Handicap*, Cambridge: Woodhead-Faulkner.

Stuart, O. (1994) 'Journey from the Margin: Black Disabled People and the Antiracist Debate', in N. Begum, M. Hill and A. Stevens(eds).

Reflections: The Views of Black Disabled People on their Lives and on Community Care, London: CCETSW.

Swain, J. (1981) *Adopting a Life-Style*, Milton Keynes: Open University Press.

Swain, J., Finkelstein, V., French, S. and Oliver, M. (eds) (1993) *Disabling Barriers: Enabling Environments*, London: Sage.

Tate, D. G., Maynard, F. and Forchheimer, M. (1992) 'Evaluation of a Medical Rehabilitation and Independent Living Programme for Persons with Spinal Cord Injury', *Journal of Rehabilitation*, 58, pp. 25-8.

Taylor, D. (1977) *Physical Impairment Social Handicap*, London: Office of Health Economics.

Tepper, M. (1999) 'Letting go of Restrictive Notions of Manhood: Male Sexuality, Disability and Chronic Illness', *Sexuality and Disability*, 17(1) pp. 36-52.

The Poverty Site(2011) 'Work and Disability', www.poverty.org.uk/45/index.shtml?2.

Think Local, Act Personal(2011) *Think Local, Act Personal-a sectorwide com-*

mitment to moving forward with personalisation and community-based support, January 2011.

Thomas, C. (1999) *Female Forms: Experiencing and Understanding Disability*, Buckingham: Open University Press.

Thomas, C. (2004) ' How is Disability Understood? An Examination of Socio-logical Approaches' , *Disability & Society*, 19(6) pp. 569−83.

Thomas, C. (2007) *Sociologies of Disability and Illness-Contested Ideas in Disa-bility Studies and Medical Sociology*, Basingstoke: Palgrave Macmillan.

Thomas, P. (2004) ' The Experience of Disabled People as Customers in the Owner Occupation Market' , *Housing Studies*, 19(5) pp. 781−94.

Thomas, P. (2011) ' "Mate Crime": Ridicule, Hostility and Targeted Attacks a-gainst Disabled People' , *Disability and Society*, 26(1) pp. 107−11.

Thomas, P. and Clark, L. (2010a) *Building Positive Partnerships: An agreement between Family Carer's Organisations, Disabled People's Organisations, Deaf People's Organisations and User Led Organisations*, Manchester: Breakthrough UK.

Thomas, P. and Clark, L. (2010b) *Consultation on Liverpool's Short Break Provi-sion*, Accrington: North West Training and Development Team.

Thomas, P. and Ormerod, M. (2005) ' Adapting to Life-are adaptations a remedy for disability?' , in M. Foord and P. Simic (eds) *Housing and Community Care and Supported Housing-Resolving Contradictions*, London: Chartered Institute of Housing.

Thompson, N. (1993) *Anti-Discriminatory Practice*, Basingstoke: Macmillan.

Thompson, N. (1998) *Promoting Equality*, Basingstoke: Macmillan.

Thompson, N. (2001) *Anti-Discriminatory Practice*, 3rd edn, Basingstoke: Mac-millan.

Thompson, N. (2002) ' Social Movements, Social Justice and Social Work' , *British Journal of Social Work*, 32, 711−22.

Tomlinson, S. (1982) *The Sociology of Special Education*, London: Routledge &

Kegan Paul.

Topliss, E. (1979) *Provision for the Disabled*, 2nd edn, Oxford: Blackwell, with Martin Robertson.

Townsend, P. (1979) *Poverty in the United Kingdom*, Harmondsworth: Penguin.

Toynbee, P. (2008) ' The Beginning of the End of a Cruel, Impractical Edict' , www.guardian.co.uk/commentisfree/2008/dec/13/assisted-suicide-lawpolly-toynbee.

Trieschmann, R. B. (1980) *Spinal Cord Injuries*, Oxford: Pergamon Press. Union of Physically Impaired Against Segregation (UPIAS) (1975) Policy Statement, London: Union of Physically Impaired Against Segregation. http://www.leeds.ac. uk/disability-studies/archiveuk/UPIAS/UPIAS.pdf.

Union of Physically Impaired Against Segregation(UPIAS) and Disability Alliance(1976a) *Fundamental Principles of Disability*, London: Union of Physically Impaired Against Segregation. www.leeds.ac.uk/disability-studies/archiveuk/UPIAS/fundamental principles.pdf.

United Nations(on line) Convention on the Rights of Persons with Disabilities http://www.un.org/disabilities/convention/conventionfull.shtml.

United Nations(undated) Convention on the Rights of Persons with Disabilities and Optional Protocol. www.un.org/disabilities/documents/convention/convoptprot-e.pdf.

Üstün, T. B., Kostanjsek, N., Chatterji, S. and Rehm, J. (2010) *Measuring Health and Disability Manual for WHO Disability Assessment Schedule WHODAS 2. 0*, Geneva: World Health Organization. http://whqlibdoc.who.int/publications/2010/9789241547598_eng.pdf.

Wates, M. (2002) *Supporting Disabled Adults in their Parenting Role*, York: Joseph Rowntree Foundation.

Wates, M. (2004) ' Righting the Picture: Disability and Family Life' in J. Swain, S. French, C. Barnes and C. Thomas(eds) *Disabling Barriers-Enabling Environments*, 2nd edn, London: Sage.

Watson, L., Tarpey, M., Alexander, K. and Humphreys, C. (2003) *Supporting People: Real change? Planning housing and support for marginal groups*, York: Joseph Rowntree Foundation.

Weller, D. J. and Miller, P. M. (1977) ' Emotional Reactions of Patient, Family, and Staff in Acute Care Period of Spinal Cord Injury: Part 2' , *Social Work in Health Care*, 3.

Welshman, J. (2004) ' The Unknown Times' , *Journal of Social Policy*, 33(2) pp. 225-47.

Westcott, H. (1993) *Abuse of Children and Adults with Disabilities*, London: NSPCC.

Westcott, H. and Cross, M. (1995) *This Far and No Further: Towards Ending the Abuse of Disabled Children*, Birmingham: Venture Press.

Wilding, P. (1982) *Professional Power and Social Welfare*, London: Routledge & Kegan Paul.

Willis, M. (1995) ' Customer Expectations of Service Quality at Community Team Offices' , *Social Services Research*, 4, pp. 57-67.

World Health Organization(2002) *Towards a Common Language for Functioning, Disability and Health: ICF*, Geneva: World Health Organization.

World Health Organization(2010) WHODAS-2, Geneva: World Health Organization.

Zarb, G. (1991) ' Creating a Supportive Environment: Meeting the Needs of People who are Ageing with a Disability' , in M. Oliver(ed.) *Social Work, Disabled People and Disabling Environments*, London: Jessica Kingsley.

Zarb, G. (1993) ' The dual experience of ageing with a disability' , in J. Swain, V. Finkelstein, S. French and M. Oliver(eds.) *Disabling Barriers-Enabling Environments*, London: Sage.

Zarb, G. and Nadash, P. (1994) *Cashing in on Independence*, London: Policy Studies Institute for the British Council of Disabled People.

Zarb, G., Oliver, M. and Silver, J. (1990) *Ageing with Spinal Cord Injury: the Right to a Supportive Environment ?*, London: Thames Polytechnic/Spinal Injuries Association.

英汉对照索引

special school system 特殊学校体系

employment 就业

empowerment 增能,赋权

Equal Opportunities Commission 平等机会委员会

Equality Act,2010 2010 的《平等法案》

equality and human rights 平等和人权

equipment 辅助器具

ethnicity 族群性

eugenics 优生

euthanasia 安乐死

fundamental principles of disability 残障的基本原则

gender 社会性别

General Social Care Council 社会照顾委员会总会

hate crime 仇视性犯罪

homophobia,see lesbian and gay issues 恐同症,参见男女同性恋问题

housing 住房

impairment 损伤

Independent Living Fund 独立生活基金

individual model of disability 残障的个体模式

information 信息

institutional barriers 制度性障碍

institutional care 院舍照顾

International Classification of Impairment, Disablilities and Handicaps

（ICIDH）《国际残损、残疾、残障分类》（ICIDH）

Law Commission 法律委员会
lesbian and gay issues 男女同性恋问题

National Centre for Independent Living（NCIL）国家独立生活中心
Not Dead Yet UK 英国生活还在继续

Office for National Statistics 国家统计局
official statistics 官方统计
    marriage and partnerships 婚姻和伴侣关系
older people 老年人
oxymoron，see anti-oppressive social work 矛盾，参见反压迫社会工作

parents 家长
    of disabled adults 成年残障者的
    of disabled children 残障儿童的
    disabled parents 残障家长
    foster 寄养（家庭）
peer support 同伴支持
pensions 养老金
personal assistance 个人助理
personal assistants 个人助理员
personal budgets 个人预算

racism 种族主义

Union of Physically Impaired Against Segregation 肢体损伤者反对隔离
联盟
User Led Organisations(ULOs)使用者主导的组织
disabled people's organizations 残障者组织

vulnerability 脆弱性
statistics 统计

附录 译者简介

李敬：女,2015年8月开始在澳大利亚悉尼大学医学院残障研究中心攻读博士学位课程。之前在中国社会科学院社会学研究所工作12年。经济学学士(1999,首都经贸大)、法学硕士(2003,北京大学)。国际人权法硕士(2014年,爱尔兰国立大学高威分校)。主要研究方向为社会科学和法学视角下的残障研究。

陶书毅：女,硕士,中级社会工作师,毕业于香港理工大学社会服务管理专业,现在民政部社会工作研究中心担任研究人员、讲师,主要研究方向为社会服务管理。

马志莹：女,北京大学理学学士(心理学)、哲学学士,美国芝加哥大学文科硕士(比较人类发展系、人类学系),现为芝加哥大学比较人类发展系与人类学系博士候选人。主要研究方向为:文化/医学/心理人类学、精神卫生、残障研究。目前研究课题包括对中国重性精神疾病家庭照料模式和社区支持体系建设的研究(博士课题);作为芝加哥大学—武汉大学中国医学教育改革指导委员会委员,参与研究中国医学院校医学伦理、医患沟通、职业化教育的现状、历史与需求。曾于芝加哥大学讲授本科生核心课程"权力、认同与抵抗"。曾任美国文化人类学会"文化视域奖"年度最佳论文评奖委员会委员,现任美国人类学学生协会会刊《学生人类学家》书评主编。发表同行评审的中英文论文多篇。

译者后记

书写至此，预示着本书的翻译工作终于进入了尾声。

2012—2013 年间，我们三个译者因一个在珞珈山下的残障项目而相识，欣喜地发现，彼此都怀有对从不同学科探索残障领域的无限好奇心。我们希望一起做点有意思的事情，于是翻译成了首选。随后，长达一年的翻译工作周期中，我们三人经常是分散于地球的不同时区里，且都身兼数职，在数百封来往邮件里，我们有过分歧和沮丧，但始终未变的，是我们对于这本书的喜爱、彼此间可贵的姐妹情谊和对承诺的忠诚。

言及至此，请允许我们首先表达对已驾鹤仙逝的社会工作界老前辈马洪路老师的怀念和哀思。在国内，马老主编的《残障社会工作》是最早的一本本土残障社会工作著作，同时，马老也是较早使用"残障"概念的学者之一，他的人品和文章对我们几个人影响甚深。

没有中国残疾人联合会的前瞻领导和慷慨支持，这本书无法问世。我们由衷感谢中国残疾人联合会党组书记、理事长鲁勇先生的序言。由衷感谢中国残疾人事业发展研究会会长程凯先生、中国残疾人事业发展研究会副会长兼秘书长陈新民先生、中国残疾人事业发展研究会副秘书长郭春宁女士以及本系列丛书的直接管理者、中国残疾人联合会研究室胡仲明先生对我们的指导、鼓励，以及在漫长版权协商过程中的那份信任。

感谢中国社会工作协会全国医疗救助与社会工作联盟办公室主任林平光先生雪中送炭,协助我们落实了本书原版的版权转让费用,确保我们可以合法工作。

感谢法国驻华大使馆社会事务处允许李敬使用她出国前所得委托课题的剩余款项补贴了本书的部分翻译费。

感谢本书的三位作者,迈克尔·奥利弗教授、鲍勃·萨佩博士和帕姆·托马斯女士在翻译过程中给予我们的充分鼓励和信任,特别是在版权协商阶段,对我们的种种善意。

感谢帕尔格雷夫·麦克米兰(Palgrave Macmillan)出版社能以非独家授权方式给予我们版权,感谢英方具体负责此事的几位工作人员接力妥善处理了版权事宜,让这本书终于如期出版。

我们还要特别感谢人民出版社责任编辑杨文霞女士高质量的编辑工作,让本书看起来更加准确流畅。感谢版权经理刘可扬先生的耐心斡旋,他温和而坚定的版权处理方式最终让我们得到了这次翻译机会。

我们还需感谢我们共同的伙伴,中国康复研究中心的张金明学长提供的种种宝贵翻译建议。

最后,我们感恩于我们各自的家人朋友给予的理解和支持。

本书翻译校对分工如下:

第一章,书毅、李敬合作翻译。

导论、第二、三、六、七章,书毅翻译。

第四、五章,李敬翻译。

志莹负责全书第一遍校对,并对不少地方进行了重译。

李敬参与了第一章校对,且对成书后的书稿进行了第二次校对。

书毅负责翻译了原书的其他部分(作者前言、索引等部分)。她还负责了全书的第一次统稿工作。

在本书版权协商阶段,感谢书毅再次完成全书勘误。最终,李敬按照出版社要求对全书定稿、完善各类细节。

李敬还负责统筹了本书翻译出版过程中的各类琐事。

这本书真的是我们三人团队协力的果实以及学术情谊的见证了。

文末还需坦言,尽管我们在翻译中已是尽力还原原著的意蕴,但终因学识有限且经验不足,恐有不准确、不恰当的地方,恳请广大读者不吝赐教。

译　者

2015 年 3 月

责任编辑:杨文霞
封面设计:徐　晖
责任校对:杜凤侠

图书在版编目(CIP)数据

残障人士社会工作(第四版)/(英)奥利弗(Oliver,M.),萨佩(Sapay,B.),
　托马斯(Thomas,P.)著;李　敬,陶书毅,马志莹 译;马志莹,李　敬 校.
　-北京:人民出版社,2015.10
书名原文:Social Work with Disabled People,4th edition
　(残障与发展系列译丛/程　凯 主编)
ISBN 978-7-01-014967-7

Ⅰ.①残…　Ⅱ.①奥…②萨…③托…④李…⑤陶…⑥马…　Ⅲ.①残疾
人-社会工作　Ⅳ.①C913.69

中国版本图书馆 CIP 数据核字(2015)第 140511 号

残障人士社会工作(第四版)
CANZHANG RENSHI SHEHUI GONGZUO(DISIBAN)

[英]迈克尔·奥利弗　鲍勃·萨佩　帕姆·托马斯　著
李　敬　陶书毅　马志莹　译　马志莹　李　敬　校

人民出版社 出版发行
(100706　北京市东城区隆福寺街99号)

北京市通州兴龙印刷厂印刷　新华书店经销

2015 年 10 月第 1 版　2015 年 10 月北京第 1 次印刷
开本:710 毫米×1000 毫米 1/16　印张:15.25
字数:210 千字　印数:0,001-3,000 册

ISBN 978-7-01-014967-7　定价:36.00 元

邮购地址 100706　北京市东城区隆福寺街 99 号
人民东方图书销售中心　电话 (010)65250042　65289539

北京市出版外国图书合同登记号:01-2015-1314